La Dévotion Au Coeur De Jésus

Nous réussiront heureusement
il est Bon, tout puissant, Et
tout Sage; Rien ne Scauroit
nous arriver qui ne Soit conduit
Sa vüne Bonté, par une Sagesse
infinie. Ainsi nous devons
preferer ce qui nous vient de Sa
part, fussent les maux les plus
funestes, à toutes les douceurs
que nous Essayerions de nous
procurer, Si notre bonheur, Et
notre Repos ne dependoient
que de nous.

    Dieu étant notre souverin
seigneur, comme il l'est de tout

Les creatures, nous ne pouvons
Sans une temerite criminelle
Resister a ses divines volontés
Et nous opposer a L'execution
deses desseins

aucun Bien creé
n'est comparable a celui qui
se rencontre dans L'execution
de la volonté de Dieu qui est
La regle Suprême de toute chose

Lorsque Lon neglige
Les petites fautes on tombe
insensiblement dans les grandes
parce que L'horreur que Lon
doit avoir du peche se diminue
parla, Et que Le Demon ayant

cene prise sur nous, faitaisem[t]
passer pour Veniels, ceux qui
sont mortels, par leurs principes

Dieu fit dire, a tobie
par un ange, parceque tu as été
agreable a dieu, il a été necessaire que tu fus éprouvé par
l'affliction : de sorte que l'on
veut dire quelle est la marque
des vrais amis de dieu.

les afflictions changent
de nature en la main de dieu,
& deviennent de veritables
biens par la grace, soit pour
le temporel, comme il arriva a
Joseph vendu par ses freres

Et depuis tiré de la prison, pour
être le premier ministre du Roy
Pharaon Et le Second Souverain
de l'egypte. et daniel, et Susane
et Job, Et à plusieurs autres. Soit
enfin pour le Spirituel, comme
il arriva aux SS. martyrs

Jesus christ n'a rien trouvé
de plus avantageux pour nous
que de Souffrir; c'est aller contre sa
Volonté, Et condamner Son choix
que de mettre Son Bonheur dans
Les Plaisirs de ce monde

L'humilité est la base
Et le fondement de tout l'edifice
du Salut, c'est la vertu. De tous

Le christianisme, a quoi que l'on
fasse d'ailleurs, on n'est Grand
aux yeux de Dieu qu'à proportion
qu'on est humble.

il n'y a rien de si grand, ni de
si Souhaittable que de servir Dieu
dans un Etat de Souffrances, Et
de vaincre tous les Sentimens de
La nature pour se conformer En
tout a la volonté de Dieu

c'est le paradis de l'ame que
de prendre pour Regle de toutes
Ses affections le Bon plaisir de
Dieu Et de vivre dans une Volonté
Resignée a celle du Createur.
C'est ainsi que l'on vit dans le Ciel

Moyens de servir dieu dans toutes les heures du Jour

A Son Reveil

faittes, o Mon dieu, que Mes yeux ne S'ouvrent que pour admirer Vos merveilles, et ma Bouche que pour chanter Vos Louanges. agréés L'offrande que je Vous fais de moi meme, Soyés Le maître de mon Coeur. que Ses mouvemens ne Soient que par Vous. prenés, Seigneur, possession de mon ame, elle Vous appartient

En sortant du lit

ci apres avoir fait le Signe
de la croix .

C'est ainsi ô mon dieu qu'un
Jour j'e Sortirai du tombeau
pour paroistre au jugement d'
Et pour y rendre un compte
Exact de tout ce que j'auray
dit fait et pensé ; ah mon
dieu, que ce Souvenir, est
terrible ? mais qu'il est salutaire
Faittes que je Regle Sur cette
pensee toutes mes demarches
et mes actions .

En s'habillant

C'est mon Péché, o Mondieu,
qui m'oblige a cette servitude
d'habits, et a tant d'autres
necessités de mon corps. quand
sera ce que j'en serai tout a fait
delivré, et que je me verrai en
état de ne penser plus qu'à
Vous, et de n'aimer que Vous

En Sortant de La Maison

Seigneur faittes moi connoitre
La voye dans laquelle je dois
marcher. dressez mes pas selon

Votre parole afin qu'aucune
injustice ne me domine

En allant a l'église

Je vais, o mon divin Sauveur,
au calvaire avec vous. Faittes
Moi Je vous en conjure partici
pant de la charité qui vous
y conduisoit. accordes moi une
Resignation pareille a celle
de votre Sainte mere aux pieds
de la croix donnes moi la
force de perseverer jusqu'a
la mort dans votre Service

En Entrant
dans L'Eglise

Seigneur, qui par une grace
toute particuliere me permettes
d'Entrer dans votre Saint temple
pour y adorer ci y Servir Le
Saint des Saints, ci pour y
chanter la grandeur, ci Les
merveilles devotre Saint nom
Eloignez Demoi tout ceque
pourroit me distraire decette
fin

En se prosternant
devant le crucifix

O mon Sauveur. J. C.

qui avez voulu être attaché
sur une croix, c'est votre
amour Excessif pour nous,
qui vous a porté a souffrir
tant depeines, et une mort
si cruelle, pour moi qui suis
un miserable pecheur. dieu
de mon ame, attachés moi
pour jamais a Vous, et me
detachés pour toujours de
moi même. Faittes que je me
charge avec plaisir dela croix
que Vous m'avés preparée sans

En desirer vne autre, Et qu'En
considerant le poids de celle
ou Vous etes attaché, Et que
Vous aves portée, jay e honte
de succomber si souvent sous
la legerete de la mienne. O
Dieu, d'amour, Je presente
a vos pieds mes desirs, a vos
mains mes oeuvres, Et a votre
coté mes affections. Desirant
de tout mon coeur que Vous
soyés a Jamais L'vnique objet
de ma Tendresse. AINSI SOITIL

Prière a dire
pour adorer le tres Saint Sacrement.

___

O mon Sauveur. J. C.
Vrai dieu et vrai homme, Digne
Victime du tres haut, Pain
Vivant descendu du ciel, mânne
cachée, Source du Salut. Je
crois fermement Votre presence
Reelle dans cet adorable
Sacrement, cachée Sous les
Especes de pain; je Vous
Reconnois pour mon Souverin
Seigneur, pour le juste Juge
des Vivans et des morts. c'est

En vous, o mondieu, que l'on gouté
les effets de l'amitié la plus
parfaitte En vous se trouvent
les veritables biens, et les —
Remedes aux maux qui nous
affligent En cette vie. Vous
seul etes l'admirable dans
Leciel, Et dans toutte L'etenduë
de la terre. Je m'unis aux
anges, Et aux S.S. pour rendre
hommage avotre Supreme
majeste, Et je vous demende
tres humblement pardon
de toutes les irreverences, Et
les profanations qui ont
pu etre faittes devant

Vous, Et de celles que font encor
tous les jours les heretiques
les Juifs, les idolatres, Les
athées, les blasphemateurs
Et tous les infidels. que ne
puis-je o mon dieu Vous rendre
autant d'honneur, Et de gloire
qu'ils seroient capables de
Vous en rendre Si ils s'acquittoie
de leur devoir. que ne puis-je
Vous rendre un culte Semblable
a celui que Vous rendoient les
premiers chretiens? Se
peut il o mon dieu que Le
zel, que l'on doit avoir pour

Vous se soit Rallenti ? o grand
dieu, suploéz je vous prie a ce
qui me manque, et Rendes moi
tel que vous voulés que je sois
aidés moi dans mes Langueurs
fortifiés moi dans mes foiblesses
éclaircés moi dans mes tenebres
afin que je vous offre Des
sacrifices d'agreable odeur
et que je fasse resentir par
mes chants deLouanges, la
Saintete et la grandeur de
votre Saint nom ; que j'aye
pour ~~vous recevoir, la~~ meme
ardeur que le cerf presse de
la Soif Soupire apres les

Sources des Eaux . que mon âme
Vous desire Ci tombe de defaillan
ce eloignée de Vous. Ci que Je
naye point deplaisir plus
Sensible que celui de vous
posseder jci bas, En attendant
Le Bonheur devous posseder
dans le ciel ou vous vous
Communiqués avec plenitude
aceux qui vous ont aimé En
cemonde detout leur coeur
i detoute leur Ame. . . . .

Prière au Sacré Coeur

Coeur adorable de mon Sauveur, Je vous adore de tout mon coeur, Et je reconnois mon neant, Et combien je suis indigne de vous Louer. Je Suis un miserable pecheur, qui Semblable au Soldat qui Vous perça avec une Lance Renouvelle tous les jours Par mes pechés Votre cicatrice. o vive Source d'amour que le Sang Et l'eau qui Sont

Sortis devous purifient mon
ame, & mon corps, detelesorte
que mon coeur Soit degagé
de tous les appas du monde
pour être uni avous pour toujou

———————————————

Les trois prieres cy devant
dont la premiere devant le
Crucifix, la seconde devant
Le Saint Sacrement, et la
troisieme au Sacré coeur
doivent toujours Se dire apres
une courte priere au S' Esprit
citot qu'on est Entré dans
leglise son matin soit le soir

Veni creator

En vers quil est tres
necessaire de dire avant
La Saintemesse

Venés, o divin Esprit, auteur
de la nature,..........
faittes de nos coeurs Votre temple
Et votre Sejour...........
Et Repandes Votre celeste
amour.............
Dans le Sein de votre créature
Source aimable de paix
Consolateur des ames.....
don dutres haut, ineffable

Onction),... . . . .

feu fecond dans votre action,
& regenerant par les flames.
_____

Dans vos Sept dons
facrés, tresor inestimable,
Doigt qui foutenés le monde
que vous fites
Promesse du pere et du fils,
fond deloquence inepuisable
_____

Repandes dans nos
Esprits votre lumiere invisible
& descendés devotre celeste
Sejour
Venes rendre aux loix de
Votre amour
la chair & foumise & flexible

Confondés de l'ennemi le funest
artifice . . . .
Rendés nous la paix quil seul
nous arachev . . . .

aidés, & montrés nous a marche
pour lviter le precipice

Saittes nous jey du pere
adorev la puissance, ...
croire Son fils Lunique verité
Vous aimev Esprit de charite
qui procedes de leur essence

Gloire au pere Eternel
Seigneur & Roy Supreme,
au christ Vainqueur de la

mort pour Jamais
au consolateur Dieu de paix
qui serepand sur ceux quil
aime

---

prière au St Esprit

Esprit Saint; Venes en moi
Eclaires mon Esprit devos
divines lumieres, Et Embrasés
mon coeur du feu de votre S.^t
amour affin que je puisse
faire ma Priere avec toute
l'attention, la devotion, et le
respect que je dois a votre Presence

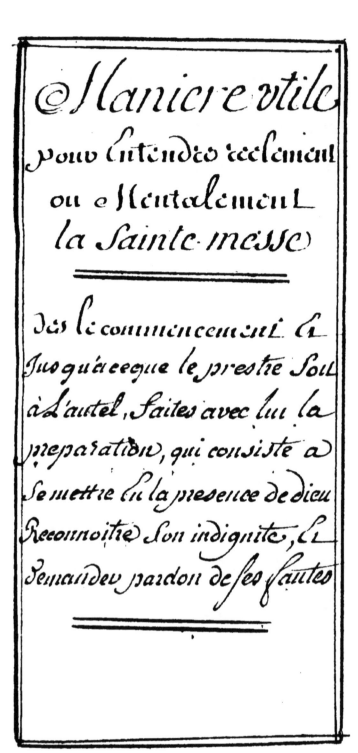

Maniere vtile

pour Entendre reelement
ou e Mentalement
la Sainte messe

Des le commencement. Et
Jusqu'à ceque le prestre Soit
à L'autel, Faites avec lui la
preparation, qui consiste a
Se mettre En la presence de dieu
Reconnoitre Son indignité, Et
Demander pardon de ses fautes

Depuis que le prestre est a l'autel Jusqu'a l'évangile

Considerez la venue, la vie penible, laborieuse et penitente de notre Seigneur pendant qu'il estoit Sur la terre par une Simple et generale consideration

Depuis l'évangile Jusqu'apres le credo

La predication de N.S. J.C. protestés de vouloir Vivre, et Mourir en la foy, et obeissance de sa sainte parole et En l'union de la Sainte Eglise catholique

Depuis le credo jusqu'au Pater

appliqués Votre coeur aux grands mystères de la passion et de la mort de notre redempteur qui sont representés en ce Sacrifice adorable lequel vous offrirés avec le pretre et le peuple a dieu le pere pour son honneur et pour votre salut . . . .

Depuis le pater jusqu'a la communion

Efforcés vous de faire mille

cœurs de votre cœur. désirant

ort ardemment d'être à jamais

oints, et uni au Sauveur pa

n. Sincère & éternel amour

Depuis la commu
Jusqu'à la fin

Remerciés sa divine majesté

le son incarnation, de sa

naissance, de sa vie, de sa

mort de sa passion, et de

l'amour qu'il nous témoigne

n cet adorable Sacrifice

Priere a dire
lors que l'horloge sonne

Mon dieu, Je vous adore
de tout moncoeur, & Vous offre
les momens de cette heure, Pour
les Employer a votre gloire Par
J.C. Votre fils mon Sauveur

Priere avant
la Lecture Spirituele

o. Bon Jesus qui Êtes la Sagesse
du pere Eternel, Et le principe
de toute lumiere, Eclairés mon
Entendement Et Echauffés mon
Coeur, afin que la lecture que

Je vais faire, le penetre tout
Entierement; Et que je ne sois
pas frustré de la fin que j'y
propose; puis que je la commence
En votre nom

apres la Lecture

Seigneur je vous Remercie
d'avoir permis a mon ame de
prendre cette Sainte nourriture
Faittes quelle me donne des
forces, Et quelle ranime ma
Vigueur eteinte; a fin qu'etant
soutenu par cet aliment, je
marche Sans m'arrester dans
La voie de vos ordonnances

Priere avant
Le Sermon

Les Desirs de ma chair ont
Etabli en moi un fort qui
Resiste a vos Volontés, Tout
puissant dieu de merveilles,
qui Fites autrefois tomber les
murailles d'une ville Ennemie
au son des trompettes de
Josué: Faittes qu'à la voye
du fidele heraut de votre
Evangile que je vais ouïr, je
Sente ruiner en mon coeur
les fondemens decette rebelle
Jericho afin qu'il n'y ait en
moi deplace que p.^r Votre amour

Priere apres Le Sermon

Je vous Rends graces, o mon dieu decequil Vous a Plu m'Enseigner, Par la Bouche de votre serviteur: car ce ne m'est pas vne faveur Peu considerable, davoir ainsy L'intelligence devotre Sainte Loi, d'etre Eclairé Dans mes tenebres, instruit dans mon ignorance, animé Dans ma foiblesse, et guidé dans Le chemin de L'eternité bien heureuse; afin de Vous voir de vous connoitre et d'arriver a vous

Priere avant les pseaumes

Je vais, ô mon dieu, prononcer des Sentimens de penitence selon L'esprit de L'eglise; mais o mon Divin Sauveur Comme je Scais quil ne Suffit pas que La Langue Les prononce, mais quil faut que Le coeur en Soit penetré, et que Les actions y Respondent, J'ose Vous faire icy une protestation du desir ou je suis Et de La resolution que je prends Dy Satisfaire dans toute L'etenduë demon ame Et demon corps

u Douleur que je ressens d'évou
voir offensé me fait espérer
ette grace de votre Divine
misericorde AINSI soitil

Priere allant
en Compagnie

Seigneur qui me voyés engagé
dans vne compagnie, dans le
Commerce delaquelle je crains
de vous perdre ne vous eloignés
pas demoi, mais Soyes moi plus
present, que tous les objets qui
soffriront ames yeux; afin
que jene fasse rien qui puisse
choquer les votres et offenser
<u>Si grand temoin</u>

Priere
quand il Tonne

Jesus christ Vainc
Jesus christ regne
Jesus christ commande
Jesus, Marie, aime, Joseph
o dieu qui êtes ma force et
mon appui : o dieu qui êtes
mon protecteur, & mon Sauveur,
inspires moi les penseés que je
dois avoir de vous; Dictés moi
les paroles par les quelles je
dois implorer Votre Secours, Et
Enseignés moi les actions par
les quelles je puisse Vous Plaire

nous fléchir Votre justice
irritée, pendant que la voye de
Votre tonnerre) nous penetre
Jusqu'au fond de l'ame . que
les tempestes Exterieures qui
s'elevent dans les airs servent
a calmer les orages interieurs

avant la Priere)

Donnés moi, Seigneur, un
Esprit de penitence, afin
que par ma priere je me
presente devant vous qui
êtes un dieu de Sainteté
faittes. que dans mes Prieres
Je ne vous demende rien

qui ne Se rapporte a mon Salut
Et qui ne Soit conforme a La
Verite de Votre parole ; Et Sav
ce que je puis etre Sujet a
une infinite Dillusions qui
Rendraient mes prieres, ou
Criminelles ou inutiles. Donnes
moi Cet Esprit de discernement
necessaire pour distinguer
ce qui Est essentiel, d'avec ce
qui ne l'est pas, apres cela
J'oserai me promettre que
ce que je vous demendera y
je le demendrai au nom de
Jesus christ Votre fils, et
Consequemment Esperer

ue j'obtiendrai L'effet de mes

nieres ma Sanctification En

e monde, Et la Jouissance de

tre Royaume En Santie

Priere pendan
La maladie

dans Les eMaux qui me

turmentent, o mon dieu,

l'ai Principalement Besoin

e la patience; je vous La

demende, Seigneur, afin qu'a

vec cette Vertu je fasse un si

Bon vsage de mes souffrances

que je Sois a vos yeux comme

une victime Sacrifiée a votre
Justice pour En Rallentir, Et
diminuer La Rigueur. Les
peines que je Ressens m'inquiettent
Bien plus par la crainte
ou je Suis d'éne me pouil conformer
a votre Volonté, que par des
Douleurs quelles me font
souffrir : ~~xxxxx~~ (1)
Mon dieu Donnés moi cette
Patience dont j'ai tant de
Besoin dans Le triste État
ou je Suis: faites que mes
souffrances de ce monde me
garantissent de celles de l'autre

Meditation Sur
ce quil n'y a que dieu
qui puisse nous apprendi
a prier

Enseignés nous a Prier
Seigneur. Je ne Scais ce que
Je dois vous demender: vous
Seul Scavés ce quil nous faut
Vous m'aimes mieux que je
ne Scais m'aimer moi meme
opeses, donnés a votre Enfant
ce quil ne Scait pas lui même
Vous demander. je n'ose vous
Semender ny croix, ni consola
tion

Jeme Presente Seulement a
vous, je vous ouvre mon coeur
Voyez mes Besoins que je ne
connois pas, Voyés et faites
selon votre misericorde. frapés
ou Guerisses accables, ou releves
moi, j'adore toutes Vos Volontes
Sans les Connoitre. jeme sacri
fie, jem'abandonne a vous
plus d'autres desirs que ceux
d'accomplir Votre Ste Volonte,
apprenez moi a prier, Priez
Vousmeme En moi. ainsi soit il

Meditation

Soit que evous Vivions

Soit que evous Mourions

evous Sommes au Seigneur

O, Mon dieu, que m'importe
le vivre ou de mourir: la vie
n'est rien; elle est mesme fort
dangereuse des qu'on L'aime.
la mort ne detruit qu'un corps
de Boue: elle delivre L'âme
de la Contagion du corps, de
de son propre orgueil, des
pieges du Demon; elle la

fait passer a jamais dans
le Regne de la verite: je ne vous
demande o, e Mon dieu, ni santé
ni La vie. je vous fais un vrai
sacrifice de mes jours; vous
les comptés. je ne vous demand
aucun Delai; ce que je vous
demende c'est de mourir plus
tot que de vivre, comme j'ai vecu
c'est de mourir dans la patience
& dans votre amour; si vous
voules que je meure: o dieu)
qui tenés dans vos mains les
clefs du tombeau pour l'ouvrir
ou le fermer ne me donnes La vie
Si je n'en dois etre delachee

ii vivant ou en mourant
Je ne veux plus etre qu'a vous

acte de resignaõn
a dieu

Mon dieu que votre Sainte
Volonté Soit a jamais accom
plie en moy & par moi
Je me Soumiéto a tous Les
deffeins de votre adorable
providence
faittes de moi cequil vous
plaira, Soit pour la vie, ou
pour la mort, Pour la Santé
ou pour la maladie je ne veu
que ceque Vous ordonnes

Le vrai, et parfait
acte de contrition
avant la confession

O Mon dieu o le souverain
bien de mon âme . o mon père
le plus aimable, et le plus
tendre de tous Les Peres. Vous
merittés un honneur, et un
amour infini acause de
Votre infinie et incompréhensible
bonté

Douleur
Je suis Mari de tout mon
coeur, et de toutes les puissan-
ces

de mon âme de vous avoir
offense, par mes pechés, Et
d'avoir manqué de faire comme
je le devois, Et que je dois Siese
Preferer a tout le reste. ouï
Mon dieu, je voudrois Pouvoir
avoir une Douleur infinie.
comme mon Peché le meritte)

Propos

ah! je le deteste, et je le
veux detester le reste de ma
vie cet abominable peché
Et je fais le plus ferme propos
de ne le plus commetre, Et de
garder vos Saints command.ts

que je Préfere a tous les biens
du monde, et je vous proteste
que j'aimerois mieux mourir
mille fois que de vous offensa
vne seule . . . .

Pardon

pardon, o mon dieu, pardon
a mon ame qui Regrette son
peché a cause de votre souveraine
et infinie bonté. je vous suplie
encore de me faire misericorde
quoi que j'en sois indigne, et
de vouloir bien agreer Le
Desir que j'ai de vous aimer
toujours sans interruption, dans
le tems et l'eternité ainsi soit il

acte d'amour de dieu

Mon Sauveur, Jesus, par cette Bonté infinie qui vous a fait descendre sur la terre pour Retirer tous les hommes des malheurs éternels ou le peché les avoit plongés, je vous Prie de faire Sentir a mon coeur le puissant effet de votre amour Et que Sa chaleur consume totalement mon ame, que meprisant tout cequi Est de la terre, elle S'eleve toujours vers le ciel pour ne Regarder que Vous

que vous, ne pensev qu'à vous
ne respirev que vous, n'oute
que comme L'amour vous a
fait mourir pour moy. Sur
l'arbre de la croix, ce même
amour me fasse pareillement
mourir en vous pour vivre a
jamais dans la possession
de votre gloire ainsi soit il

Priere avant
La penitence

Pere Eternel regardés
moi dans le coeur de votre
fils que vous avés frappé
pour mes Pechés El ceux de

de tout Lemonde : que cette
Victime adorable appaisé
Votre Courroux, ci parceque
Jene puis vous plaire par
aucune de mes actions ____
Souffres qu'étant uni a lesprit
de jesus, j'unisse aussi La
foible penitence que j'e
fais a celle que. J.C. a fait p~
moi sur l'arbre de la croix
je vous Suplie que l'abondance
de ses douleurs interieurs, et
Exterieurs Suplée au defaut
de toutes les Satisfactions
dont je suis Redevable a votre
divine justice. Ainsi Soitil

acte de Soumissio a Dieu

Seigneur dont l'esprit
est si Bon, et si doux en toutes
choses; Et qui êtes tellement
misericordieux, que non
Seulement les prosperités
mais les disgraces meme qui
arrivent a vos Elus sont des
effets de votre misericorde
faites moi la grace de ne
point agir en payenne
dans l'etat ou votre justice
m'a Reduite; que comme

une vraie chretienne je vous
Reconnoisse pour mon Pere
et pour mon dieu En quelque
etat que je me trouve, Puis que
le changement De ma condition
n'en apporte pas a la votre
que vous etes toujours le même
quoi que je Sois toujours
Sujette au changement, et
que Vous n'êtes pas moins
Dieu, quand Vous affligés
et quand Vous punissés, que
quand Vous consolés, et que
Vous usés D'indulgence
Vous m'avés donné quelques
talens Pour Emploÿer a votre

a votre Service, et j'en ai fait
un mauvais usage. Vous
m'avez envoyé une disgrace
Pour me corriger, ne permettés
pas que j'en use pour Vous
irriter par mon impatience, et
j'ai mal usé de mes avantages et
Vous m'en avez justement puni
ne permettes pas que j'use mal
de votre punition, et puis que
la corruption de ma nature est
telle qu'elle me rend vos faveurs
Prétieuses. Faites, o mondieu,
que votre grace toute puissante
Me Rende vos chatimens
salutaires. Si j'ai le coeur

plein de laffection du monde
anneantisies ces affections
Pour mon salut, et me rendes
ncapable dejouir du monde
Pour ne jouir que devous Seul
ostes demoi Seigneur
La tristesse que lamour de
moimeme me pouvoit
donner demes Propres
souffrances et choses du
Monde qui ne Reüsisent
pas a mon gré et celui de
mes inclinations et de
mon coeur, et faittes que
dans une vii formite
desprit toujours Egal

Je Reçoive toutes Sortes d'Eve
nemens ne Pouvant Souhaitex
Lun Plutôt que Lautre Sans
presomption, et me Rendes
Juge Et Responsable Des
Suittes que Votre Sagesse a
Voulu justement me câcher
Je Scais o mon dieu que Je
ne Scais qu'une chose, c'est
quil est bon deVous Suivre
Et quil est mauvais de vous
offenseu. apres cela Je ne
Scais lequel est Le meilleur
ou Le pire En toutes choses.
Je ne Scais lequel m'est
Proffitable Dela gloire

ou de l'infamie, des Biens
ou de la Pauvreté; c'est un
discernement qui passe la
force des hommes et des
anges, et qui est caché dans
les secrets de votre Providence,
que j'adore et que je ne veux
pas approffondir. - - - - - -
Faittes, Seigneur, que
telle que je sois je me con
forme En tout à votre volonté
et que dans la disgrace ou
jesuis, je vous glorifie
Car sans les souffrances
on ne peut arriver à la gloire
et vous même o mon Sauveur

et l'aver voulu y parvenir que
par elle. C'est par les marques
de vos souffrances que vous
aves ete Reconnu de vos
Disciples, & c'est par Les
Souffrances que vous Recon
noitiés aussi ceux qui sont
Vos disciples. Reconnoissés
moi donc pour votre disciple
dans Les peines que je souffre
Vous Les scavés Seigneur
& Parceque Rien n'est
agreable à dieu s'il ne lui
est offert par vous; unisses
ma volonte à Lavotre, et
mes afflictions a celles que

Vous avés soufferte; Saittes
que les miennes deviennent
Les votres vniossés moi avous
Remplisses moi de vous, Et
de votre Esprit. Entrés dans
mon coeur, Et dans mon
ame pour y Porter Vos souf
frances, Et pour continuer
D'Endurer dans moi ce qui
Vous reste a Souffrir de votre
passion, affin qu'Etant
plein de vous; cene Soit
plus moi qui vive. et qui
Souffre. mais vous En moi
Et qu'ainsy ayant quelque
Petite Part avos Souffrances

vous me remplissiés Entierement
de la gloire quelles vous ont
acquise)

Père Eternel par les
L'Esprit duquel il fait
que tous les sacrifices des
fideles se fassent, acceptés
celui que je vous offre par
Vne oblation Constante
de tout ceque je suis
afin que ne me Lassant
pas de me detruire pour
Dieu, je me trouve Heureu
sement Establie dans lêstre
de la nouvelle creature
ou vous ne trouveres Rien adetrui

Priere à Jesus Sur Sur la croix

O Jesus qui attendés avec une
Patience admirable que ceux qui
Vous offensent Retournent a vous
Et qui bien loin de les punir —
Daignés toujours, L'arrêter le bras
de votre justice, Prest a tomber
Je vous adore de tout mon coeur, Et
Vous prie de vous souvenir de
m'accorder moi le temps néces
saire pour faire Pénitence
Et Pour m'acquiter Envers vous
que le merites de votre Sang me
Purifient et me donnent Part a
votre gloire

Sentiment

de L'amour de dieu tiré du cantique des cantiques Par le R.P. Avrillon minime

---

Ceux qui ont Lecoeur droit
Vous aiment ô mon dieu
li on ne peut pas Vous aimer
Sans l'avoir, les louanges
les protestations, Les
demonstrations Exterieur es
ne Furent jamais des
Signes equivoques dela

Sincerité de L'amour; Les
hommes ne jugent du Coeur
que par les paroles, et dieu
juge des paroles par le coeur
Les plus Secrets mouvemens
lui Sont connus; Rien de
ce qui Sy passent ne Luy
Chappe, il l'a formé pour
Etre le Siege, Le Trône, et
le Sanctuaire de la mour
C'est par ce coeur qu'il
Veut etre aimé, Et il veut
qu'il y ait de la droiture
Et de la Sincerité dans
Cet amour. ah Seigneur

que je vous ai donne desmarques
Exterieures damour qui n'étoient
pas Sinceres, parceque'elles ne
venoient pas du Coeur, Et
qu'il Les deSavouoit En Secret
pendant que ma Bouche les
proferoit. Jevous disois
Je vous aime, Et jecroyois
qu'il Suffisoit devous ledire
pour vous aimer, pendant
que toutes mes actions
dementoient ma Bouche
Je vous disois, je Suis toute
avous, et jetois toute ala
vanite, toute au monde
toute alamour propre

toute a ma Sensibilité, toute
a mes Entestemens; toute a ma
Paresse, toute a ma lacheté
Je connois donc a present
que mon coeur n'étoit pas droit
Et que mon amour a manqué
de Sincerité, mais je vais
mettre tout En usage Pour
Leguerir..........

Second Sentiment
que Je Sens quelquefois
de desordre, et de confusion
Dans mon coeur o mon dieu
Et que jai Besoin de cette
Vraie Sagesse qui ordonne
Et qui Regle mon amour

Pour discerner ce quil faut
aimer, et pour arrester la
precipitation aveugle de ce
Coeur quand il veut aimer
ce quil devroit hair. helas
il ne donne que trop souvent
dans L'une des deux Extremités
qui sont également vitieuses
tantot il a trop de cette tendresse
quil ne devroit pas avoir
tantot il a trop D'indifference
et de dureté, pour ce quil
devroit tendrement aimer
je me Sens quelquefois
toute defeu pour ce qui
Devroit me Glacer, Et

quelquefois toute de glace
Dans ce qui devroit membraser
Fondés cette glace seigneur
steignés ce feu, allumés l'ru
en autre par le souffle de
Votre Esprit divin qui est
La charite même, endurcissés
cette fausse et pernitieuse
tendresse, amollisses cette
Cruelle et Ruineuse dureté
Reglés chesmoi ce quil faut
que j'aime, et que je
haisse, Et que je Scache
Comment haïr ou aimer
Soyes chesmoi, Seigneur, la
La Regle de lon et de l'autre

Troisième Sentiment

que Mon Coeur seroit donc
aveugle et ausseſi il nevous
aimoit pas. o mondieu avec
toute la tendresse dont il est
capable, ſi Sil refusoit de
souvrir Pour recevoire les
favorables impressions ——
que Vous Voules faire ches
Luy. il est Louvrage devos
mains adorables, il porte
Votre image et votre ressem
blance, Vous ne Laves formé
que pour en faire une demeur
un trône unautel Et un
tabernacle. Entrés donc,

Seigneur, Dans cette demeu-
ti purifiés la, de tout ce qui
ne porte pas Les glorieux
traits de votre amour, com-
mandés En souverin fur ce
trône, Et donnés moi toute
La docilité dont jai Besoin
pour vous obeir. Recevez
des Sacrifices D'amour fur
Cet autel, allumes y un feu
Sacré qui Brule toujours
Et qui ne s'eteigne jamais
Residés y comme un Dieu
de majesté et de Saintete
puis que Vous vous Letes
formé Pour Vous meme

Quatrieme Sentiment

Je ne veux plus dorennavant
écouter Les Sentimens de
mon coeur, que quand ils
Se rapporteront Parfaitement
a Ceux du Coeur de dieu
Je veux porter Son image
Sur mon Bras, et Regler
mes actions Sur les Siennes
Je veux, O mon dieu, que
mon amour pour vous Soit
l'image de celui que vous
Vous portés a vous même
Vous Vous aimés Souverai
nement, Et tout ce que vous
aimes vous ne L'aimés que

pour vous Seul, Vous Vous
aimés vniquement, Et Sans
partage, Vous Vous aimés con
tinuellement Et Sans interrup
tion; Voila Seigneur, La
Lamour Sur lequel, je vais
Regler Lemien, imprimés
tous Les caracteres De cet amour
Dans mon coeur, et Sur mon
Bras comme Lecachet Sur
La cire. Soyes en tellement
Le maitre quil n'aime que
Vous, Et pour vous. Donnés
Luy vn amour vnique, Et
Sans melange, Donnes luy
Vn amour Constant qui

qui ne Se Lasse jamais de
Bruler pour vous, qui Souffre
Tout, qui ne Se Rebute de rien
qui Entrepreinne tout Et
qui Vous Ressemble en tout.

Priere pour

obtenir l'amour de dieu

Dieu tout puissant,
Source feconde de Lumiere
Et d'ardeur; Soleil de justice
qui Eclaires, et Embrâsés
Tous les Esprits, Et tous les
Coeurs sur lesquels vous
D'ardés vos divins Rayons

Eclairés mon Esprit d'une
Lumiere qui porte en meme
tems, & la clareté, et l'onction
afin quil ne vous connoisse
que pour vous aimer, embrâ
sés mon coeur d'un feu
celeste qui le purifie, et
qui le consacre ; Rendes le
attentif a ce divin Langage,
que vous faites si souvent
entendre aux oreilles du
Coeur, de ceux que vous
aimez, & qui vous aiment
j'ai Besoin de la douceur
& de la force de cette voye
pour achever de me

detacheé d'la Creature, Et
de moi mêmes, Et pour Vous
aimer d'un amour desinteressé
qui ne cherche que Vous. Et
qui n'estime que Vous; instruises
moi, Seigneur, apprenés moy
a vous aimer Sagement, Et
Sans indiscretion, donnes moi
De Vivas leçons de cet amour
chaste, Et Sans melange ___
qui n'envisage que vous, et
qui vous garde jusqu'a La
mort une fidelité inviolable.
Soyes, O celestes Epoux, le
Principe, Le centre, Et le
terme detous les desirs de

mon cœur. Soyez l'unique
mobile de toutes mes ardeurs
& de tous mes empressements
Vous m'avés donné tout en
tier à moy, que puis je faire
pour reconnoître Votre amour
liberal, que me donner
tout entier à vous; & m'y
donner Continuellement &
autant de fois que je respire
Vous pensés incessamment
à moi; Vous m'aimés de même
& si vous cessiés un moment
de le faire, je cesserois d'être
ce que je suis. je ne puis
mieux Vous marquer mon

amour que par une Entiere
conformité a tout ce que vous
aves fait pour moi, et a tout
ce que vous voules de moi, qu'en
m'offrant de copier votre coeur
avec tant de Soin que Le mien
en porte dignement a l'image
et la Ressemblance retrassés
en Souvent Les glorieux traits
Renouvelés ces en caractere
de feu Dans ma memoire —
mon Esprit Dans mon coeur
Dans mon ame et generalemt
en toute ma personne afin
qu'une Empreinte Si Précieuse
ne S'efface jamais que

que je vous Ressemble ; Et
que je vous aime constamment
Jusqu'au dernier soupir de
ma vie. ainsi soit il

Cinquième Sentiment

Ne Suis-je pas temeraire, o
Mon dieu, de vous Prier de
m'entrainer apres vous ! quel
Interest avés vous a le faire !
qui gagneres Vous, quel est
le motif de votre amour pour
moi, sinon Votre amour
même, Et votre amour surement
gratuit ! qui Suis-je Seigneur,
Et qui Etes Vous ? je Suis un

Ver de terre, une pécheresse, un
miserable neant, si vous étes
Le dieu du ciel et de la terre, de
quel prix est donc ce coeur que
Vous aimés un dieu jaloux? ah
il faut qu'il soit quelquechose
puisque Vous voulez L'attirer a
Vous y Regner, le Remplir, et
que vous me deffendes de Le
donner a personne qu'a vous
Seul. je vous le donne o celeste
Epoux, ou plutot je vous le
Rend, Puisqu'il est a vous
seul, Entrainés le efficacement
a vous, consumés, devorés par
Le feu Devotie zel divin

tout ce qu'il a encore chés luy
d'impur et de terrestre. allumer
y ce zel bus et ardent qui brule
continuellement pour votre
gloire, et qui attire toute la
terre a courir avec moi En
L'odeur de vos celestes parfums

Sixieme Sentiment

Mourés, O Mon ame, mourés
Jncessamment et sans retour
a toutes les creatures qui vous
detournent du createur. soyes
solitaire si vous Le cherches
Cachés vous Comme La
Colombe dans Les trous de

La pierre; Et que cette pierre soit
J.C. ou pouvés vous etre mieux
qu'avec luy. ou Pouvez vous etre
bien sans luy. Pratiques La
Solitude de coeur, ne L'ouvrés qu'à
luy seul, Et n'y Laissés jamais
Entrer aucun Etranger. L'Epoux
celeste qui vous appele a cette
Solitude interieure, veut que
vous Lui montries votre visage
c. D. toute la face de votre
ame, il veut entendre Votre
Voix. Parles lui Librement
Comme a un ami; Ecouttés le
avec une attention respectueuse
Demeures Seul avec luy seul

Vous y jouires tranquilement
de dieu En vous même. Dit
Saint Bernard, Et vous jouires
de vous meme En dieu

Septieme Sentiment

C'est ô celeste Epoux, a
La table Sacrée que je reconnois
En vous toute la tendresse, et
toute la Simpatie d'un frere
affectioné. Vous m'y donnes Votre
chair Votre Sang, Votre coeur
Votre Esprit, Et votre âme. —
Votre chair Sanctifie la
mienne, Votre Sang Purifie
Consacre le mien, mon

Coeur est embrasé par le vôtre.
Et votre ame vivifie et rachette
une seconde fois la mienne :
Cest la ou tout cequi est a.
Vous devient a moy, et ou je.
me transforme en vous .
Desirés donc ardemment o
Mon ame de vous approcher
de ce divin frere, et de cet
adorable Epoux pour Luy
donner le chaste plaisir
De Soeur, et d'Epouse, et pour
teindre Vos livrées de son sang
faittes de tendres caresses a
~~ce ~~~~~~~~~~~~ qui ~~~~~~~~~
~~~~~~~~~~~~~~~~~~~~~~~~~~~
et ~~~~~~~~~~~~~~~~~ Vous

se renfermer sous les Especes

Succes y le Pain des enfans

de dieu qui est la grace du

Sacrement; Courrés avec

Empressement Pour vous

nourrir de cette chair Si pure

plus vous la Recevrés dignement

plus vous fortifieres votre

Simpathie avec ce frere

adorable qui Est votre Epoux

et votre Dieu, et L'impression

qui S'enfera ches vous vous

Rendra inebranlable contre

le torrent Des vices

huitieme Sentiment

Saittes mai Sentir, o mon dieu,
La force toutes puissante de
Votre divin amour; Si il est
armé Comme La mort Pour
Remporter partout des victoires
Jenai Point dautres ambition
que den estre la conqueste, le
Soin deluy resister, je veux
Luy aider a me vaincre quand
il devroit mEn couter La vie
Si il Exige des Sacrifices, je
luy en fais un volontair de
tout ceque Je suis, je veux

tre Sa victime, Et recevoir
de Sa main Le coup favorable
de la mort, Persuadé que cette
mort m'unira intimement
avous Loin de m'en Separer
Si il est aimé de Glaive je
lui presente mon coeur pour
Enetre blessé. heureux Si
Je ne gueris jamais de ma
playe, Et Si elle me procure
La mort que je demende
heureux Si ce glaive coupe
et tranche en moy tout ce
quil y a de charnel. Si il
est aimé de feu Pour tout
Consumer faittes Le

descendre dans mon coeur
afin quil m'embrase, et
quil y Reduise en cendre tout
ce qui deplait a vos yeux

Neuvieme Sentiment

Ne vous flattés pas o mon
ame de trouver le dieu que
Vous aimés sans le chercher
avec toute l'ardeur dont vous
êtes capable, quoique la fin
de l'amour soit l'union avec
le dieu que l'on aime, si
que vous la souhaities. croyés
que vous aves encore bien du

chemin a faire avant que
dy parvenu pour etre uni adieu
pour vivre avec dieu en dieu
& delavie dedieu, il faut
passer par de rudes Epreuves
et soutenir Dieu de grands combats
il faut mourir avant que de
vivre il faut Se detacher, il
faut S'arracher avec violence
avant que de finir, Encore
L'union ala quelle vous
pouves pretendre ne sera
Consommée que dans leciel
L'amour qui nous y conduit
a son Principe, Son progres
& Sa fin. Le S'Esprit En

Est ladorable Principe, la foi
Lesperance Et lacharite en sont
Les Progrets Lunion. croyés
Esperés, aimés Constamment.

Entretiens
avec Jesus

e Misericorde, ô mon Jesus,
helas! combien de fois Vous
ai je perdu pour avoir aimé
ce que vous condamnés Sur
La croix! combien De fois
ai je plus estimé la Satisfac
tion de mon corps que La
Communication de votre
Esprit! o Bonté divine

il faut que ma Langue se taise
icy et que mon coeur gemisse
profondement sur labominaõn
de mes pensées, demes desirs,
et de mes affections: jai peché
Seigneur j'ai souuent peché
jai grieuement peché, Je
Confesse devant vous mes crimes
et mes miseres, ayes pitié
de moi o mon dieu, o playes
de jesus aides moi, o croix
de jesus deffendes moi. o
juste juge ordonnés a tous
les tourmens devenir
fondre sur moi, et a toutes
les creatures de s'armer contre

moy pour vengeir des offenses
que jai commises contre vous
ou plutôt o doux Jesus, des
l'amour en changés mon, fait
passer mon coeur de la chair
a l'Esprit, de la vanité a la
Verité, et des choses de la terre
a celles du Ciel, que ma vie ne
soit plus deréglée, ou si elle
ne doit pas cesser de l'être
quelle finisse tout a fait
car il vaut o beaucoup mieux
mourir que de vous offenser
o si vous vouliez, Seigneur,
crucifier mes yeux ma langue
et tous les desirs de cet homme

terrestre Puisque Vous seul
le pouvez faire. faittes Le dés
maintenant, afin que je ne
vive plus que pour vous, & en
Vous; que jaime Sincerement
Vos veritéz Sainctes, & que je
haisse tout ceque jai aimé contre
Vôtre Loy. oubliéz o mon dieu
L'aveuglement ou jai vecu. je
Viens a vous, je vous desire, je
Soupire apres vous, & je recon
nois que je ne puis trouver
qu'en vous la guerison, & le
Repos de mon ame, je vous
L'abandonne, Seigneur, cette
ame que vous aimes Si tendremen

que l'etat pitoyable ou vous La
Voyés, ne vous empesche pas de la
Recevoir, je ne veux plus aimer
que vous seul, je renonce Pour
Jamais a toutt autre amour. que
je ne trouve hors de vous que
degouts, amertumes affliction
d'Esprit, afin que je sois dans
l'heureuse necessité, de ne desirer
de n'aimer et ne gouter que vou
seul. Comme le cerf las, et
alteré Soupire apres une fonta
D'eau vive, ainsi mon ame
degoutée du monde, Et d'elle
meme Soupire apres vous
o Mondieu qui seul Pouve

tendresse Puisque Vous seul
le pouver faire. faittes le dès
maintenant, afin que je ne
Vive plus que pour vous, & de
Vous; que j'aime Sincerement
Vos veritéz Sainctes, & que
j'haisse tout ce que j'ai aimé et
Idolatrer. oubliéz o mon di
L'aveuglement ou j'ai vecu.
Je viens a vous, je vous desire
Soupire apres vous, & je me
vois que je ne puis trou
guerir vous la guerison,
vous de mon ame, je vo
Seigneur,
Lite

que l'état pitoyable...

...loyés, ne vous congno...

...Recevoir, je ne veux plu...

...que vous seul, je renonce...

...jourais a tout autre amour, qu...

...je ne trouvé hors devous que...

...degousts, amertumes, afflictions...

...l'esprit, afin que je sois...

...l'heureuse necessité, de me...

...de n'aimer et ne gouster que vous...

...seul. Comme le cerf las, et...

...alteré souspire apres une fontaine...

...d'eau vive, ainsi mon ame...

...degousté...

Éteindre la Soif dont elle brûle
quand viendrai je, et quand paroi-
trai je devant vous; ne me diffé
res pas ce Bonheur, o dieu ...
ne vous vengés pas du fiel, et
du vinaigre que je vous ai offert
dans votre Soif, en me laissant
souffrir Longtems celle que
j'ai de vous posseder; ne me
punissés pas de mes ingratitudes
ni me cachant votre Visage ___
dont la seule vûe me peut rendre
heureux : j'en suis indigne, je
l'avoue, mais Si je ne merite
pas que vous contentiés mes
desirs. contentés Les votre

Seigneur, embrasés moi de votre
amour, et transformés moy
entièrement En vous
Mais ne tardés pas o Unique
Esperence, de mon ame, car
quand je vous possederai une
fois, Et que vous aures purifié
mon coeur je serai tout a vous
Et vous seres tout a moi. alors
je n'aurai plus que du degout
pour tout ce qui ne sera pas
mon dieu, Et je quitterai sans
peine tout le Reste pour la
joye que je sentirai d'estre
a vous, alors mon ame se
dilatera j'aurai tout je
pourrai tout, Et tout me

...dira, Tout ...ira a vous

Vous scavés que je ne puis
Vous donner tout mon amour
ny appaiser la soif dont vous
brulés, si vous ne me donnés
Vous même cette eau vive que
vous seule nous desalteres
Vous l'avés promise, Seigneur,
a tous ceux qui vous la deman
deront avec foy Et avec amour
mais il faut que vous me donnie
Encore cette foy, Et cet amour
afin que je vous sois redevable
de tout. Je vous aime o mon dieu
et je crois que vous pouvez me
donner tous les biens que

je desirez, mon coeur Vous le
demande, et vous invoque de
toutes ses forces ô fontaine
d'eau vive, faittes couler dau
ce coeur un fleuve de ces eaux
qui rejaillissent jusqu'à vous
que tous mes desirs se portent
Vers vous, que mon amour ne
cherche que vous, quand viendra
Le tems ou je ne vivrai plus qu'à
par vous, ô ma veritable vie
quand quitterai je tout pour
Vous posseder, ô tresor des
Dieux eternels quand s'aurai
drai je au bonheur de vous
Jouïr ô ma Souveraine Beatitud

Je vous adore o Sainte Croix
Consacrée par les sueurs, et le sang
de mon Sauveur, vous serez à
l'avenir mon refuge, ma Lumière
ma science, et toute ma sagesse
ne m'abandonnez pas, ne vous
éloignez pas de moy. quoyqu
ma chair vous craigne et vous
fuye, je veux bien qu'elle
vous sente, puisqu'elle est
naturellement foible, et
sensible, pourvu qu'elle vous
porte toujours

dixième Sentiment

cest a vous, Seigneur, a former
chez moy les vrais gemissement
de penitence et d'amour, parceque
vous ayant offensé sans vous,
Je ne puis pleurer, ni gemir
sans vous. Eclairé moy, o
divin Soleil, embrasés moy:
accordéz moi la grace que
vous demandoit S'augustin
montréz moi a moi meme
afin que penetté de mes
veritables miseres, j'entire
des motifs de larmes et
de gemissemens. qu'ai je ete
que Suis je ? que Serai je?

quai je fait ? quai je merité ?
quai je acquis ? quai je perdu
ti que puis je ? quai je eté ?
helas, un pur neant. que fui je
un triste assemblage de corrup
tion, dordures, et djniquité.
que ferai je un Jour la pature
des vers ? quai je fait rien
pour vous et le peché est Seul
mon ouvrage. quai je merité,
de mourir eternellement dans
les Enfers. quai je acquis
pas une Seule vertu ; mais
des tresors funestes decrimes
et de colere. quai je perdu
vos graces, o mon dieu,

& le fruit du Sang que vous
avés répandu pour moy? que
puis-je Enfin? rien Sans
votre Secours? quels motifs
de larmes et de gemissemens
Je les Sens, o celeste epoux,
heureux Encore Si ces Sentimens
otoient durables, Sinceres
et permanans, et Si ils ope
roient en moy des oeuvres
de penitence et d'amour

unziéme Sentimen

Je ne craindrois pas a present
la mort, o mon dieu, elle
Seroit au contraire l'objet de

mes desirs. Si je ne vous avois
toujours aimé aussi fortement
que je l'ai pu, & que je l'ay dû
parceque l'amour est plus
fort qu'elle. mais helas?
ce miserable monde, est venu
mille fois a la traverse: pour
affoiblir mon amour, et
pour m'en lever une partie
de mon coeur, fortifiant
ainsi Son party de ce que je
derobois au plus essentiel
de mes devoirs. heureux
encore, o mon dieu, si
apres avoir eté long tems
Sans vous aimer j'etois
assés courageux pour

Remplaceœ par un amour fort
et constant. les vuides affreux
de mes premieres années. c'est
mon desir, o mon dieu, et
Je Suis resolu de l'executer
quelquechose qu'il en coûte.
a ma lacheté, et a mon amour
propre. oui, Seigneur, je
veux vous aimer fortement
et sans foiblesse, uniquement
et Sans partage, continuelle
ment, et Sans relache. voila
celeste Epoux, les resolu
tions que je prens icy en votre
Presence. recevez les, et soyez
en legardien, et le dépositaire

fortifiés moi pour les rendre
efficaces, gravés les dans mon
coeur, depeur que je ne les
oublie, mettés les en depost
dans le votre; depeur quelles
ne se perdent par ma foiblesse
comme colles que mon coeur
a formé tant de fois, et qui
nont servi qu'a me rendre
plus criminel a vos yeux

Douziano Sentiment

Refuge assuré de votre
pauvre créature, ce n'est pas
seulement dans la maison
de votre pere qu'il y a plusieurs

demeures il y en a plusieures
dans votre coeur, puisque vous
y recevez tout, le monde. St
Thomas tout incredul qu'il
est, le larron, le publicain
le lepreux, la pecheresse
publique y trouvent place
et Judas même y eut été
Recu si il ne se fut pas volon
tairement abandonné au
desespoir. c'est dans ce coeur
amoureux que les tenebres
sont dissipées, que les impér
fections sont consumées
que les affections terrestres
sont detruites; que les
meubles intérieurs sont

Sont appaisés, que tout
L'hommes est Sanctifié

Treiz.e Sentiment

Quoy Donc Ce Coeur
Si grand, Si ouvert, Si charitab
ne Serat il, fermé que pour
moy Seul; o mon dieu,
et votre miserable creature ny
trouveras elle point une
place ou elle puisse voir
tous Ses vices detruits, et
Son L'esprit renouvelé par
la vertu du votre. Je vous
adore, o Coeur divin
tout Brulant des Flammes
du pur amour. Je vous adore

o Lumiere Eternelle, o Soleil qui se leve toujours et ne se couche Jamais, source qui coule sans cesse, et qui ne diminue point; Ocean des biens infinis sans fond et sans rives doux rafraichissement des voyageurs, consolation de ceux qui pleurent, Refuge de ceux qui sont tentés, azil de tous les Pecheurs. recevez moy o Divin Jesus dans ce coeur ou j'ose esperer d'etre ecrit par votre amour Eternel ou seront consumées toutes mes foiblesses. si ce n'est dans cette Fournaise d'amou

Et Si il n'y a pas place pour
tous, comment o mon dieu
etes vous le Sauveur, et
le redempteur de tous

Quatorze Sentiment

Qui l'empeche donc
mon dieu votre Bonté
de vouloir, et votre puissance
de faire ce que je vous
demande, communiquez
moy votre lumiere, votre
amour, votre pureté, votre
douceur et votre force. ___
mettes cette pauvre. et
chetive creature dans
l'etat ou vous la voulez

Si vous trouvés dans votre bonté
de justes raisons de vouloir, et
de faire des choses qui paroiss
si peu convenables a ce que
vous etes, n'en trouverés vous
point pour la chose du moins
la plus conforme a votre
grandeur, et a la vertu d'une
Redemption abondante:
c'est adire pour faire éclater
votre puissance, et votre
misericorde, en m'accordant
avec plenitude, ce que mon
coeur desire avec tant d'ardeur
il est vrai que j'en suis indigne
et que vous ne voyez en moi

que des raisons de me refuser
mais votre bonté nest elle
pas plus grande que mon
indignité, et les motifs que
vous trouvés en vous meme
pour me Secourir, ne sont
ils pas infiniment plus forts
que ceux que vous trouvés
en moy pour m'abandoner
ayez donc pitié de moy
Seigneur a cause de
vous, aidez moi, et guerissés
moy retablissez moi, et
Rendez moi tel que vous
me Souhaittés . . . . . .

Quinze Sentiment

vous m'avez commandé d'esperer toujours, de vous invoquer, et de recourir a vous dans toutes mes peines, vous avez voulu que votre justice dissimulat les pechez des hommes, vous avez imposé a votre misericorde L'obligation de Recevoir Le pecheur penitent, et de lui pardonner en quelque tems qu'il gemisse; je vous presente Seigneur ces Loix si aimables, et je suis assuré que vous ne

ne les revoquerez pas. je me
jette avos pieds, et je suis
prest a subir toute la peine
que je merite, et jespere
de vous toute la misericord
dont jai besoin. jose vous
la demander par notre
seigneur jesuschrist qui
estant dieu vit et Regne
avec vous &c dans l. _ _ _ _

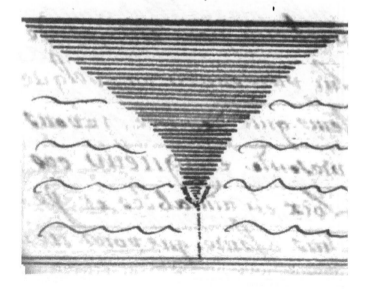

Priere a dire
en Se mettant au lit

Mon dieu Je Scais que Je mourerai, et peutetre que Je n'ay plus que quelques moments a vivre, peutetre que je ne Sortiray pas du Lit ou j'avais me coucher aussi m'avertishez vous d'y entrer comme dans mon tombeau. ah que je voudrois a L'heure de ma mort avoir toujours Vecu Sans peche, et Vous avoir toujours aimé

mettez moi des à présent
dans ces Saintes dispositions
oui mon dieu je deteste
Le peché je vous aime, je
veux vivre, et mourir dans
Votre Saint amour. que
Le Seigneur tout puissant
et tout misericordieux Le
pere, Le fils, et Le s'esprit
nous donne une nuit
tranquille et une heureuse
fin. Seigneur je remets
eMon esprit entre vos mains
faites que mon cœur veille
et tende toujours vers vous
pendant mon Sommeil

MANDEMENT

DE MONSEIGNEUR

L'EVESQUE D'AUXERRE ,

*Portant établiſſement d'une Aſſociation,
pour honorer le Sacré Cœur de notre
Seigneur Jeſus-Chriſt , dans l'Egliſe
des Religieuſes de la Viſitation de la
Ville d'Auxerre.*

J ACQUES MARIE , par la Providence divine & l'autorité du S. Siége
Apoſtolique, Evêque d'Auxerre, Con-
ſeiller du Roi en tous ſes Conſeils ,
&c. au Clergé Séculier & Régulier, &
à tous les Fidéles de notre Diocèſe :
SALUT ET BÉNÉDICTION EN NOTRE SEI-
GNEUR.

Le Fils de Dieu ſe plaignoit un jour
à ſes Apôtres, qu'il y avoit déjà longtems qu'il étoit avec eux , & qu'ils ne,
ſe connoiſſoient pas encore. Hélas !
N. T. C. F. ce divin Sauveur ne pour-
r.t il pas nous faire un reproche ſem-
able avec encore plus de raiſon ? Par

A ij

l'excès d'un amour inéfable, il a bien
voulu résider dans nos Temples pour y
recevoir nos hommages ; & cependant
qui de nous est soigneux de l'aller vi-
siter ? Ses délices, qui le croiroit , si
lui-même ne nous en assuroit , ses délices sont d'être avec les enfans des
hommes , & ces hommes ingrats le laif-
fent presque toujours seul. Il leur a
préparé , dans la participation à son
corps & à son sang adorables, une fource abondante de graces pour les rendre éternellement heureux : & combien
peu néanmoins s'empressent d'aller puifer à cette fontaine d'eau vive ? Les uns,
fous prétexte d'un plus grand refpect , s'en éloignent , & par l'illu-
sion la plus déplorable, mesurent leur
prétendu progrès dans la vertu , sur cet
éloignement: les autres, par une indifférence encore plus criminelle , négligent de se trouver au Banquet Célefte
où ils sont invités ; & s'il n'y avoit pas
un précepte qui les oblige de communier, du moins à Pâques , nous ne les
verrions jamais assis à la table sacrée
du Seigneur : d'autres marquent moins
d'éloignement pour la sainte Euchari-
tie ; ils s'en approchent , mais sans u..
préparation suffisante : ils la reçoivent

mais fans les difpofitions néceffaires, fans piété, fans ferveur, la confcience foüillée de péché, & le cœur attaché au péché.

À des traits déja fi odieux & fi honreux pour des Chrétiens, fi nous ajoutons les irrévérences fans nombre qui fe commettent tous les jours en la préfence de ce Dieu fait homme pour notre falut ; fi nous joignons les outrages fanglants & les blafphêmes des hérétiques & des impies contre ce Sacrement d'amour, quelle affreufe idée nous formerons-nous de la perverfité & de la malice des hommes ? Divin Agneau, qui faites le bonheur des ames innocentes, pour vous traiter avec une fi grande indignité, il faut bien que l'on ne vous connoiffe pas, & que la Foi de ce myftère redoutable foit comme éteinte dans la plûpart des cœurs. Ingratitude, infenfibilité, infidélité, perfidie qu'on ne fçauroit trop déplorer, ni affez réparer.

C'eft, M. C. F. dans cette vue qu'il s'eft formé dans tous les pays Catholiques, & en particulier dans prefque tous les Diocèfes de ce Royaume, des Affociations de perfonnes pieufes fous le titre du Sacré Cœur de Notre-Seigneur

Jefus-Chrift ; Affociations faintes que les Souverains Pontifs ont approuvées, louées & enrichies de plufieurs indulgences. Le grand Pape qui gouverne aujourd'hui l'Eglife avec tant de lumiére , pour favorifer celle que nous avons réfolu d'établir dans l'Eglife des Religieufes de la Vifitation de notre Ville Epifcopale , vient de lui accorder une Indulgence plénière & plufieurs autres moins principales , ainfi qu'il eft plus particuliérement expliqué dans fa Bulle.

Ames Fidèles nous défirerions d'avoir cent bouches pour vous exhorter d'entrer dans une union fi propre à procurer la gloire de ce divin Sauveur. Quel eft en effet l'objet de cette dévotion fi fainte & deja fi célébre ? C'eft de reconnoître , autant qu'il eft en nous, par nos adorations, notre amour, nos hommages, l'excès de la charité & de la tendreffe que Jefus-Chrift nous a témoigné , & dont il nous a laiffé un monument autentique & touchant dans l'inftitution de la divine Euchariftie ; c'eft de le dédommager par un redoublement de refpect & de zèle , de l'oubli criminel & de l'indifférence inpardonnable de tant d'hommes qui

vivent comme s'ils n'en avoient jamais
oui parler, ou qu'ils n'en euſſent jamais reçu aucun bienfait : c'eſt enfin de
réparer par toûs les moyens que l'a-
mour peut imaginer, les inſultes, les
mépris, les outrages où il fut expoſé
durant le cours de ſa vie mortelle, &
où ſon immenſe charité pour les hommes, l'expoſe encore tous les jours dans
le Sacrement de l'Autel, ſoit de la part
des pécheurs impénitens, ſoit de celle
des hérétiques, des infidèles ou des
payens.

D'où il eſt facile de comprendre que
cette dévotion n'eſt autre choſe qu'un
ſaint & pieux exercice de reconnoiſſance & d'amour envers Jeſus-Chriſt ;
que l'amour en eſt le véritable objet,
le motif & la fin ; que le Cœur de
Jeſus, en tant qu'il fait une partie de
ſon corps, n'eſt, à proprement parler,
que l'objet ſenſible de cette dévotion,
qui a été choiſi comme le Symbole le
plus naturel, pour exprimer la charité que ce divin Sauveur a eu pour nous,
l'uſage étant d'attribuer au cœur l'amour
& les plus tendres affections de l'ame.
O qu'il eſt doux, s'écrie là-deſſus ſaint
Bernard, qu'il eſt avantageux de faire
ſon ſéjour dans ce ſacré Cœur ; il ſuffit

d'y penfer pour treffaillir de joye! *O quam bonum & quàm jucundum habitare in corde hoc : Exu!tabimus & lætabimur in te memores cordis tui.*

· Cœur adorable de Jefus, vous êtes encore aujourd'hui, malgré toutes nos froideurs & nos crimes, également brûlant d'amour pour notre falut : vous êtes également touché de nos maux & du malheur extrême de ceux qui périf-fent : oui vous êtes toujours difpofé à répandre fur nous vos graces & vos bénédictions, toujours patient, doux & miféricordieux envers les pécheurs; toujours ouvert pour leur fervir d'azile. Allons donc, M. C. F. hâtons-nous, entrons dans cet aimable Cœur pour n'en fortir jamais. Confacrons-lui tout ce qui nous refte de penfées, de fentimens, de défirs & de vie. Que les flammes de ce feu facré dont il brûle pour l'honneur de fon Pere, purifient le nôtre, le confument & n'en faffent plus qu'un avec le fien.

Voilà, divin Jefus, ce que je vous demande par ce Cœur que j'adore, & pour moi & pour tous ceux que vous avez confiés à mes foins. Je vous en dois un compte rigoureux. Ne permettez pas qu'aucun d'eux périffe par ma fauté. Vous m'impofez l'obligation de travailler fans ceffe à les affermir dans la Foi, & à les faire croître dans la connoiffance de Dieu & dans la fcience du falut, vous m'ordonnez de vous en faire un peuple qui foit parfait, & qui marche conftamment devant vous dans la fainteté & dans la juftice. Daignez-donc, ô Souverain Pafteur me donner le zèle & l'onction néceffaire, pour les inftruire avec fuccès, & rendez les eux-mêmes dociles à mes avis & à mes inftructions : Purifiez mes lévres comme vous purifiâtes autrefois celles de votre Prophète, afin que toutes les paroles que je leur adrefferai, foient autant de traits de feu qui les excitent à vous aimer.

Vous ferez excitez, M. C. F. à l'aimer, ce divin Sauveur, fi vous méditez avec foin l'abrégé que nous vous mettons entre les mains de l'excellent Livre qui a été compofé fur la dévotion au Sacré Cœur de Jefus, par un Religieux vraiement rempli de fon efprit. Vous trouverez dans ce recueil tout ce qu'il faut pour vous inftruire fur cette dévotion, & tout ce qui eft capable de vous la faire aimer. En le lifant, vous connoîtrez combien elle

est agréable à Dieu & utile pour votre
perfection , puisqu'elle vous porte à
rendre à Jesus - Christ amour pour
amour , & qu'il n'est point de faveurs
& de dons surnaturels que vous ne
puissiez obtenir facilement par elle :
Vous y verrez qu'elle a été celle de plusieurs grands Saints, & les admirables
progrès qu'ils ont fait par son moyen
dans la charité & dans les plus sublimes
vertus. Enfin vous y apprendrez qu'elles sont les saintes & salutaires pratiques qu'elle demande de vous , pour
avoir part à ces trésors inépuisables de
graces & de miséricorde, qui sont renfermés dans ce cœur adorable , comme
dans la source d'où la bonté divine
les répand ensuite sur les hommes avec
profusion. Il ne tient qu'à vous, M.C.F.
de vous enrichir : devenez victimes de
l'amour de Jesus , & vous trouverez
tout dans le Cœur de Jesus.

A ces Causes , connoissant combien
la dévotion au Sacré Cœur de Jesus est
solide ; combien elle est propre à honorer Dieu , & puissante pour attirer
toute sorte de graces sur notre Diocèse, nous établissons par notre présent
Mandement dans l'Eglise des Religieuses de la Visitation de la Ville d'Auxer-

re, une Confrairie ou Affociation de priéres pour honorer le Sacré Cœur de Notre-Seigneur Jefus-Chrift. Nous permettons en conféquence la publication des Indulgences accordées par notre Saint Pere le Pape Benoît XIV. aux Fidèles de l'un & de l'autre fexe qui entreront dans la fufdite Confrairie, ainfi & de la maniére qu'il eft porté par fa Bulle du 28. Mai de la préfente année. Nous recommandons très-expreflément à tous les Affociés de joindre aux inftructions que fa Sainteté veut qu'ils ayent dans les priéres qu'elle prefcrit pour gagner l'Indulgence, celle d'obtenir que le Ciel continuë de répandre fes plus abondantes bénédictions fur notre augufte Monarque, fur la Reine, fur Monfeigneur le Dauphin, fur Madame la Dauphine, & fur toute la Famille Royale, afin que l'Eglife trouve toujours en elle des protecteurs puiffans contre fes ennemis.

Et fera notre préfent Mandement lû, publié & affiché par tout où befoin fera. Donné à l'Abbaye de Vauluifant le premier du mois de Septembre, 1757.

J. M. Ev. d'Auxerre.

PAR MONSEIGNEUR,

.Bayle.

A vj

BULLE

D'Indulgences accordées par notre Saint Pere le Pape Benoît XIV. à l'Association du Cœur de JESVS, établie aans l'Eglise du Monaſtère de la Viſitation Sainte Marie d'Auxerre.

BEnoît Pape XIV. pour ſervir de mémoire à la poſtérité. Ayant appris que dans l'Eglife du Monaſtére des Religieuſes de la Viſitation de la Bien-heureuſe Vierge Marie immaculée, on avoit érigé, où qu'on vouloit ériger canoniquement une pieuſe & devote Confrairie pour tous les fidèles Chrétiens de l'un & de l'autre ſexe, & non pour un corps de métier en particulier, ſous le titre du Sacré Cœur de JESUS, & que les Confreres & Sœurs de cette Confrairie ont coutume, ou ſe propoſent de pratiquer pluſieurs œuvres de piété & de charité; Nous ſouhaitant que cette Confrairie s'accroiſſe de jour en jour, nous appuyant ſur la miſéricorde de Dieu tout-puiſſant, & ſur l'autorité des bienheureux Pierre & Paul ſes Apôtres, accordons miféricordieufement en notre Seigneur Indulgence pléniére , pardon & rémiffion de tous leurs péchés à tous les Fidèles Chrétiens de l'un & de l'autre fexe qui entreront dans la fuite en ladite Confrairie , le jour de leur réception , à condition qu'étant vraiment pénitens & confeffés , ils communierônt : accordons pareille indulgence pléniére , pardon & rémiffion de tous leurs péchés à l'article de la mort à chacun des Confréres & Sœurs qui font ou feront infcrits dans ladite Confrairie , pourvû qu'étant vraiment pénitens , s'étant confeffé & ayant communié , ou au cas qu'ils ne puiffent le faire , étant vraiment contrits , ils prononcent , s'ils le peuvent , finon invoquent dévotement dans leur cœur le faint Nom de JESUS. Accordons pareillement Indulgence pléniére , pardon & rémiffion de tous leurs péchés à tous les Confréres & Sœurs qui font ou feront reçûs dans ladite Confrairie , tous les ans au jour de la Fête principale de ladite Confrairie , (lequel jour fera choifi une fois pour toujours & approuvé de l'Ordinaire) pourvû qu'étant vraiment pénitens , s'étant confeffé & ayant communié , ils vifitent dévotement depuis les premières Vêpres jufqu'au Soleil couché dudit jour , l'Eglife , ou Chapelle ou Oratoire de ladite Confrairie, & y prient pour la concorde entre les Princes chrétiens, pour l'extirpation des héréfies, & pour l'exaltation de notre Mere la Sainte Eglife. Accordons de plus auxdits Confréres & Sœurs en quatre autres jours de l'année fêtés ou non fêtés, ou Dimanches (lefquels quatre jours feront choifis une fois pour toujours par lefdits Confréres & approuvés par l'Ordinaire) en chacun de cefdits quatre jours auquel étant vraiment pénitens, s'étant confeffé & ayant communié, ils vifiteront comme il eft dit ci-deffus ladite Eglife, ou Chapelle, ou Oratoire : nous leur accordons indulgence de fept ans & de fept quarantaines de jours. Toutes les fois que lefdits Confréres & Sœurs affifteront aux Meffes ou autres Offices divins qui feront célébrés ou récités dans ladite Eglife, Chapelle ou Oratoire; ou qu'ils fe trouveront aux affemblées, foit publiques, foit particulières de ladite Confrairie en quelque lieu qu'elles fe tiennent; où qu'ils exerceront l'hofpitalité envers les pauvres ; où qu'ils réconcilieront ou procureront la réconciliation entre perfonnes divifées ; ou qu'ils accompagneront à la fépulture les corps defdits Confréres ou Sœurs, ou autres défunts ; ou qu'ils fe

trouveront à quelque Proceſſion que ce
ſoit, faite par permiſſion de l'Ordinaire; ou
qu'ils accompagneront le très-ſaint Sacrement, ſoit en Proceſſion, ſoit lorſqu'on le
porte aux Malades , où en quelque lieu
& de quelque façon que ce ſoit ; ou ſi, en
étant empêchés , ils récitent au ſon de la
cloche, une fois l'Oraiſon Dominicale &
la Salutation Angélique ; ou qu'ils reci-
teront auſſi au ſon des cloches cinq fois
l'Oraiſon Dominicale & la Salutation Angélique pour les ames des ſuſdits Confréres & Sœurs défunts; ou qu'ils remettront
dans la voie du ſalut quelqu'un qui s'en
ſeroit écarté ; ou qu'ils enſeigneront aux
ignorans les commandemens de Dieu &
ce qui regarde le ſalut ; ou qu'ils feront
quelque œuvre que ce ſoit de piété & de
charité : pour toutes & chacune des bonnes œuvres ſuſdites , Nous leur relâchons
ſoixante jours des pénitences qui leur auroient été impoſées dans la forme ordinaire de l'Egliſe , ou qu'ils auroient mé-
rités en quelque façon que ce ſoit. Les
préſentes pour valoir à perpétuité. Voulons cependant qu'au cas que quelque autre privilége d'Indulgence auroit été ac-
cordé ci-devant auxdits Confréres &
Sœurs pour en jouir à perpétuité ou ſeu-
lement pendant un tems qui ne ſeroit pas

encore passé ; les présentes soient nulles :
& au cas que ladite Confrairie ait déja été
unie ou vienne à être unie de quelque façon que ce soit à quelque Archi-Confrai-
rie, voulons qu'aucune autre Lettre Apo-
stolique antécédente ne lui soit favorable,
mais qu'elle demeure nulle dès à présent. Donné à Rome à Sainte Marie-Majeure, sous l'anneau du Pêcheur, le
28 Mai 1757 ; de notre Pontificat le 17.
Signé, JOA. FLORIUS SUBSITUTUS.

Permission de Monsieur le Grand-Vicaire.

NOUS Vicaire Général du Diocèse
d'Auxerre, assignons pour Fête principale de l'Association du Sacré Cœur de
JESUS le Vendredi d'après l'Octave du S.
Sacrement ; & les premiers Vendredis de
Mars, Mai, Août & Octobre pour gagner
l'Indulgence de sept ans, & sept quarantaines de jours, & permettons l'exposi-
tion du très-saint Sacrement esdits quatre
jours pendant les Vêpres, avec Salut &
Bénédiction. Donné à Auxerre le 17.
Juin 1757.
Signé, DE LA FERTÉ DE MEUN, Vic. Gen.

17

BULLE

De l'Autel privilégié du Sacré Cœur
de JESUS.

BEnoît Pape XIV. Pour fervir de mémoire à la poftérité. La charité pa-
ternelle qui nous rend attentifs au falut de
tous, nous oblige d'enrichir de tems en-
tems les lieux facrés des dons fpirituels des
Indulgences, afin que par-là les Ames des
fidèles défunts puiffent participer aux fuf-
frages des mérites de Notre-Seigneur Jefus-Chrift & de fes Saints, & que par ce
fecours elles puiffent être conduites par la
miféricorde de Dieu des peines du Purgatoire au falut éternel. Nous donc vou-
lant faire ce don fpécial à l'Eglife du Mo-
naftère des Religieufes de la Vifitation de
la Bienheureufe Vierge Marie immaculée
de la Ville d'Auxerre, & à l'Autel qui y
eft élevé de la Confrairie du Sacré Cœur
de JESUS, qui, jufqu'à préfent n'a pas été
gratifié du même privilége; nous appuyant
fur la miféricorde de Dieu & l'autorité de
fes bienheureux Apôtres, Pierre & Paul ;
accordons & concédons que toutes les fois
qu'un Prêtre féculier ou régulier célébrera

audit Autel la Meffe des morts , au jour
de la Commémoration des défunts , & en
chacun des jours de l'Octave , & encore
en un jour de chaque femaine de l'année,
lequel jour fera déterminé par l'Ordinaire,
pour l'ame de quelque Confrére ou Sœur
de ladite Confrairie , qui fera fortie de ce
monde unie à Dieu par la charité ; cette
ame reçoive du tréfor de l'Eglife par maniére de fuffrage Indulgence ; de forte que
par la participation des mérites de Notre-
Seigneur Jefus-Chrift , de la bienheureufe
Vierge Marie , & de tous les Saints ; elle
foit délivrée des peines du Purgatoire.
Les préfentes pour valoir pendant fept ans
feulement, nonobftant tout ce que quiconque pourroit faire à ce contraire. Donné
à Rome à Sainte Marie-Majeure fous le
fceau du Pêcheur , le 28 Mai 1757. de
notre Pontificat le 17. *Signé* , JOANNES
FLORIUS SUBSITUTUS.

_____

Permiffion de Monfieur le Grand-Vicaire.

NOUS Vicaire Général du Diocèfe
d'Auxerre , affignons les Lundis de
chaque femaine pour gagner en maniére de
fuffrage l'Indulgence pour les morts. Donné à Auxerre le 17 Juin 1757.

Signé, DE LA FERTÉ DE MEUN, Vic. Gen.

AVERTISSEMENT.

ON a tiré de différens Ouvrages déja imprimés , presque tout ce qui forme ce Recueil , qui peut se diviser en Quatre Parties.

La première renferme une Instruction & des Pratiques , pour honorer saintement le Cœur de JESUS.

La seconde contient des Exercices pour la Prière , la Messe , la Confession , la Communion , &c. Exercices qu'il faut méditer avec attention , afin que l'esprit & le cœur en soient chrétiennement pénétrés.

Il y a dans la troisieme , des Méditations en forme de Pensées Chrétiennes. Tous les Fidèles devroient être dans l'usage journalier de méditer. Au moins que les Associés du Cœur de JESUS ne passent aucun jour de leur vie , sans réfléchir sur les Vérités du Salut. Les Méditations qu'on leur présente peuvent servir , sur tout , les premiers Vendredis de chaque Mois.

La quatriéme Partie comprend la Messe & les Vêpres comme on les chante dans l'Église des Religieuses de la Visitation *d'Auxerre , le jour de la Fête du Cœur de JESUS.*

Puisse ce qui est dans ce Livre, contribuer à allumer dans tous les cœurs l'Amour de JESUS-CHRIST , notre Divin Maître.

LA DEVOTION

AU CŒUR

DE JESUS.

INSTRUCTION

*Sur la nature, l'origine & les Pratiques
de la Dévotion au Cœur de JESUS.*

L'OBJET de la Dévotion au Cœur de JESUS, est l'amour incompréhensible de ce Divin Sauveur pour les hommes. On se propose premiérement, de reconnoître par un amour réciproque & une vive gratitude, la tendresse de JESUS-CHRIST pour nous, principalement dans le Très-Saint Sacrement de l'Autel.

Secondement, de réparer selon no-

tre pouvoir, les outrages aufquels il
s'eft livré pour nous pendant fa vie
mortelle, & aufquels il eft encore expofé tous les jours dans le Très-Saint
Sacrement : de forte que toute cette
Dévotion ne confifte qu'à aimer ardemment Jesus-Christ, que nous avons
toujours avec nous dans la Divine
Euchariftie, & à lui témoigner cet
amour par diverfes Pratiques : Saintes
Pratiques, qui ne tendent qu'à nourrir
le divin Amour, à nous exciter au regret de voir Jesus Christ fi peu connu,
& fi peu aimé par fes propres enfans,
& à le dédommager, autant qu'il eft
en nous, par une ferveur plus vive,
du peu de reconnoiffance qu'il trouve
dans ceux, ou qui ne connoiffent pas
cet ineffable Myftére, ou qui le connoif-
fant, le négligent & l'oublient.

C'eft pour faire connoître l'objet de
cette dévotion, qu'on le rend fenfible
par la repréfentation du Cœur de Jesus-
Christ, parce que le cœur eft le fymbole le plus naturel de l'amour ; &
par conféquent il doit être celui d'une
dévotion qui fe réduit toute entiére à
l'amour. L'amour en eft l'objet, l'amour
en eft le motif, l'amour en eft la fin :
Or le cœur & l'amour fignifient la

même chofe parmi les hommes , &
l'image du cœur y fera toujours prife
pour la repréfentation de l'amour. C'eft
ainfi que fous le nom & fous le fymbole
des facrées Playes de JESUS-CHRIST
l'Eglife honore fes Souffrances, dont
ces playes nous rappellent le fouvenir:
C'eft dans le même efprit que l'on trouve dans la repréfentation du Cœur de
JÉSUS-CHRIST , & dans le fymbole de
ce cœur adorable , le fouvenir de fon
amour , & un objet propre à réveiller
le nôtre avec une vive reconnoiffance.

Voici comme notre divin Sauveur
a révélé lui même cette fainte dévo-
tion à fa fidelle fervante la vénérable
Sœur Marguerite Alacoque, Religieufe
de la Vifitation Ste. Marie, du Mon-
naftére de Paray, Diocèfe d'Autun en
Bourgogne. Ceci eft tiré de fa vie par
Mr. Languet, ci-devant Evêque de
Soiffons , & depuis Archevêque de
Sens. (*)

» Etant devant le St. Sacrement ,
» un jour de fon Octave , elle reçût
» de Dieu des graces exceffives de fon
» amour : fe trouvant touchée du défir
» d'un parfait retour , & preffée de lui

(*) **Livre IV. p. 129. Edit de 1729.**

» rendre amour pour amour , Notre-
» Seigneur lui dit : *Ma fi le , tu ne peux*
» *rien faire qui me foit plus agréable , que*
» *ce que je t'ai tant de fois demandé.*
» Alors lui découvrant fon divin
» ·Cœur , *voilà* , dit-il, *ce Cœur qui a*
» *tant aimé les hommes , qu'il n'a rien*
» *épargné , jufqu'à s'épuifer & fe confu-*
» *mer pour leur témoigner fon amour. Pour*
» *reconnoiſſance , je ne reçois de la plû-*
» *part que des ingratitudès , par les mé-*
» *pris , les irrévérences, les facriléges , &*
» *la froideur qu'ils ont pour moi dans ce*
» *Sacrement d'amour. Mais ce qui m'eſt*
» *encore plus fenfible , c'eſt que ce font des*
» *cœurs qui me font confacrés , qui me*
» *traitent ainfi. C'eſt pour cela que je te*
» *demande, que le premier Vendredi après*
» *l'Octave du Saint Sacrement , foit dé-*
» *dié à faire une Fête particuliére pour ho-*
» *norer mon Cœur, en lui faifant répara-*
» *tion par une amende honorab'e , com-*
» *muniant ce jour la pour réparer les in-*
» *dignes traitemens qu'il a reçûs pendant*
» *le tems qu'il a été expofé fur les Autels.*
» *Je te promets que mon cœur fe dilatera*
» *pour répandre avec abondance les in-*
» *fluences de fon amour divin fur ceux qui*
» *lui rendront cet honneur, & qui procu-*
» *reront qu'il lui foit rendu. Mais, Sei-*
          » *gneur ,*

» *gneur*, lui répartit Sœur Marguerite,
» *à qui vous adreſſez-vous, à une ſi ché-*
» *tive créature, à une ſi pauvre péche-*
» *reſſe, que ſon indignité ſeroit capable*
» *d'empêcher l'accompliſſement de votre*
» *deſſein ? Hé quoi !* lui répondit No-
» tre-Seigneur, *ne ſçais-tu pas que je me*
» *ſers des ſujets les plus foibles, pour con-*
» *fondre les forts ; & que c'eſt ordinaire-*
» *ment ſur les plus petits & pauvres d'eſ-*
» *prit, ſur leſquels je fais voir ma puiſ-*
» *ſance avec plus d'éclat, afin qu'ils ne*
» *s'attribuent rien à eux-mêmes. ... Ce-*
» *lui-là eſt tout puiſſant, qui ſe défie de*
» *lui-même pour ſe confier entiérement en*
» *moi.*

Voilà l'origine du culte qu'on rend
d'une maniére plus marquée au Cœur
de JESUS - CHRIST. Auparavant beaucoup de Saints & de Saintes ont fait
paroître leur zèle & leur dévotion envers ce cœur adorable. St. Bernard, St.
François d'Aſſiſe, St. Bonavanture,
St. François de Sales, Ste. Claire, Ste.
Melctilde, Ste. Catherine de Sienne,
Ste. Thérèſe, &c. Ou plûtôt on peut
dire, que tous ceux qui ont été épris
du divin Amour, qui fait la conſola-
tion des Saints, en ont connu le principe dans le cœur du Sauveur ; & la

Sœur Marguerite n'a rien ajouté à cette vuë, qu'une méditation plus profonde, une ferveur plus fensible, avec certaines pratiques qui ne contiennent rien de fingulier, de fufpect ou de dangéreux ; mais qui font d'une piété folide, pure & autorifée de l'Eglife.

Or, ce qui eft encore digne d'être remarqué ici, c'eft la prédiction qu'a faite autrefois St. François de Sales, (*) que l'Ordre qu'il a établi feroit particuliérement appliqué à honorer le Cœur Sacré de Jesus-Christ.

» *Les Religieufes de la Vifitation*, dit » ce Grand Saint, au raport de l'ancien » Auteur de fa vie, (Monfieur de Maupas Evêque Du Puy) cinquiéme par- » tie, Chapitre premier, page 310. *Les* » *Religieufes de la Vifitation qui feront fi* » *heureufes que de bien obferver leurs Ré-* » *gles, pourront porter le nom de Filles* » *Evangéliques, & établies particuliére-* » *ment pour être les imitatrices des deux* » *plus cheres vertus du Cœur Sacré du* » *Verbe incarné, la Douceur & l'Humilité* » *qui font la bafe & le fondement de leur*

(*) Voyez le difcours qui eft à la tête de la vie de la Sœur Marguerite page 48. & fuivantes.

» *Ordre, & leur donnent le privilége &*
» *cette grace incomparable de porter le nom*
» *de FILLES DU CŒUR DE*
« *JESUS-CHRIST.* »

Dans l'Histoire de la Mere Anne
Clément, morte en odeur de Sainteté
à la Visitation de Melun, en 1661. il
est dit : (*) » *Dieu lui fit connoître que*
» *pendant que son bienheureux Pere,*
» (Saint François de Sales,) *vivoit sur*
» *la terre, il faisoit son séjour dans le*
» *cœur de J. C. où son repos ne pouvoit*
» *être interrompu par ses grandes occupa-*
» *tions : & que comme Moyse, conversant*
» *familiérement avec Dieu, devint le*
» *plus doux de tous les hommes, de même*
» *le Saint Evêque de Geneve par sa fami-*
» *liarité avec Dieu, arriva à la perfection*
» *des deux vertus du Cœur de J. C. l'hu-*
» *milité & la douceur ; il y a des Ordres,*
» *disoit-elle, qui honorent les prédications*
» *de Notre-Seigneur, d'autres ses jeûnes,*
» *quelques-uns sa solitude, quelques-au-*
» *tres sa pauvreté ; mais celui de la Visi-*
» *tation est établie pour rendre un continuel*
» *hommage à SON CŒUR.*

Ce Cœur est le Trésor de tous les

(*) Voyez le discours qui est à la tête de la
vie de la Sœur Marguerite, page 49.

B ij

fidéles. Tous , de quelqu'état qu'ils
foient , peuvent y puifer les graces par-
ticuliéres qui conviennent à leurs befoins , & les leçons qui font propor-
tionnées à leurs devoirs : c'étoit encore
la penfée de la Servante de Dieu Sœur
Marguerite , en conféquence de la pro-
meffe que J. C. lui avoit faite : voici
ce que cette Sainte Fille en a écrit dans
une de fes lettres à fon Confeffeur.

　　(*) „ Je ne fçache pas , dit-elle ,
„ qu'il y ait nul exercice de dévotion ,
„ qui foit plus propre pour élever en
„ peu de tems une Ame à la plus haute
„ Sainteté, & pour lui faire goûter les
„ véritables douceurs qu'on trouve au
„ fervice de Dieu. Oui , je le dis avec
„ affurance , fi l'on fçavoit combien ce
„ divin Sauveur a agréable cette dévo-
„ tion , il n'eft pas un Chrétien , pour
„ peu d'amour qu'il eût pour cet ado-
„ rable Redempteur, qui ne la prati-
„ quât d'abord. Faites en forte (conti-
„ nue-t'elle, parlant à celui à qui elle
„ écrivoit) faites en forte que les per-
„ fonnes Religieufes l'embraffent, car
„ elles en retireront tant de fecours ,
„ qu'il ne faudroit point d'autre moyen

(*) Vie de Sœur Marguerite , pag. 224.

» pour rétablir la premiére ferveur &
» la plus exacte régularité dans les Com-
» munautés les moins bien réglées, &
» pour porter au comble de la perfec-
» tion celles qui vivent dans la plus
» exacte régularité.

» Mon divin Sauveur m'a fait en-
» tendre, que ceux qui travaillent au
» salut des Ames, auront l'art de tou-
» cher les cœurs les plus endurcis, &
» travailleront avec un succès merveil-
» leux, s'ils font pénétrés eux-mêmes
» d'une tendre dévotion à son divin
» Cœur.

» Pour les personnes séculiéres, elles
» trouveront par ce moyen tous les se-
» cours nécessaires à leur état ; c'est à-
» dire, la paix dans leur famille, le
» soulagement dans leurs travaux, &
» les bénédictions du Ciel dans toutes
» leurs entreprises. C'est proprement
» dans ce Cœur adorable qu'elles trou-
» veront un lieu de refuge pendant
» leur vie, & principalement à l'heure
» de leur mort. AH ! QU'IL EST DOUX
» DE MOURIR, APRÈS AVOIR EU UNE
» CONSTANTE DÉVOTION AU CŒUR
» SACRÉ DE CELUI QUI NOUS DOIT JU-
» GER ! Enfin il est visible qu'il n'est
» personne au Monde qui ne ressentit

» toute forte de fecours du Ciel , s'il
» avoit pour J. C. un amour recon-
» noiſſant, tel qu'eſt celui qu'on lui
» témoigne par la dévotion à ſon Sa-
» cré Cœur. «

Il ne faut pas omettre qu'en communiant les premiers Vendredis du mois
dans la vûë d'honorer le Cœur de Jefus , on ſe prépare des fecours particuliers pour une mort ſainte.

Voici ce que rapporte l'illuſtre hiſto-
rien de la Sœur Marguerite.

(*) » Dans un autre écrit elle enſei-
» gne encore une pratique pour hono-
» rer le Cœur de J. C. pratique qui
» lui étoit familiére , & que Notre-
» Seigneur lui avoit ſuggérée en lui
» faiſant eſpérer la grace de la péni-
» tence finale , & celle de recevoir les
» Sacremens de l'Egliſe pour ceux qui
» l'obſerveroient. C'étoit de faire une
» neuvaine de Communions à cette in-
» tention , & pour honorer le Cœur
» de J. C. en plaçant chacune de ces
» Communions à chaque premier Ven-
» dredi du mois, pendant neuf mois
» de ſuite. «

C'eſt ainſi que la Providence ména-

_____

(*) Page 241.

geoit à tous les fidéles, de quelqu'état
qu'ils fuffent, un moyen efficace de
perfection. Heureux qui goûte ce
bonheur, & qui connoît le prix du
Tréfor qu'on trouve dans le Cœur de
Jefus ! c'eft dans ce cœur adorable qu'il
poffédera, & toutes les graces, & tous
les fentimens, & toutes les vertus qui
font propres à fanctifier le nôtre. Amour
infini du Cœur de J. C. pour fon Pere :
amour tendre & compatiffant de ce
Cœur pour nous : fentimens d'une humilité profonde de ce Cœur Sacré, qui
portoit en lui toute la confufion dûë à
nos péchés : fentimens de bonté, de
compaffion, de condefcendance, de
patience pour les hommes, pour les
pécheurs, pour fes plus cruels ennemis :
fentimens d'amour & d'empreffement
pour la fouffrance & pour la croix.

Voilà ce que la Servante de Dieu
voyoit dans le Cœur du Fils de Dieu :
ce qu'il y faut envifager pour être véritablement dévôt au Cœur de Jefus.
Car enfin cette dévotion ne tend qu'à
infpirer l'amour de J.C. & par l'amour,
l'imitation de fes vertus, de fes fentimens & de fes difpofitions.

Ce qu'il faut faire pour entrer dans l'Asso-ciation du Cœur Sacré de Notre-Seigneur Jesus - Christ.

On donne son Nom pour l'inscrire dans le Livre de l'Association, qui se garde dans les Monastéres de la Visitation Sainte Marie, ou aux autres lieux où la Confrairie est établie. Avec son nom on donne aussi le jour & l'heure qu'on veut pendant l'année consacrer à adorer J. C. Le jour qu'on se fait inscrire, on doit communier à l'intention de se dévoüer entiérement par amour & par reconnoissance à Jesus-Christ notre Seigneur.

Il y a Indulgence Pléniére pour les Associés :

1°. Le jour qu'on s'associe.

2°. Tous les ans le Vendredi qui suit immédiatement l'Octave du Saint Sacrement, jour de la Fête du Cœur de Jesus.

Il faut se confesser & communier ces jours-là à l'Eglise de la Visitation & y prier pour les intentions portées par la Bulle d'Indulgences.

30. A l'heure de la mort, en invoquant au moins de cœur le saint Nom de Jesus.

Il y a Indulgence de sept ans & sept quarantaines de jours les premiers Vendredis de Mars, Mai, Août & Octobre, en se confessant, communiant, & priant à l'Eglise de la Visitation, comme il est dit ci-dessus.

Il y a Indulgence pléniére & délivrance du Purgatoire pour toutes les ames des Associés, morts en état de grace ; le jour des morts, tous les jours de l'Octave, tous les Lundis de chaque semaine, en faisant dire une Messe pour elles, à l'Autel du sacré Cœur de la Visitation.

LES DEVOIRS
DE L'ASSOCIATION.

I.

CEtte sainte Association n'engage à aucune Priére d'obligation, ni mentale ni vocale ; mais elle engage seulement à aimer plus ardemment Jesus-Christ notre divin Sauveur, & à travailler plus efficacement à imiter ses vertus, sur-tout sa Religion envers Dieu, sa douceur & son humilité, qu'il nous recommande lui-même par ces paroles : *Apprenez de moi que je suis*

B v

doux & humble de cœur, & vous trouvé-
rez le repos de vos Ames. *

I I.

L'heure de la Station doit être paſſée
en adoration & priéres devant le ſainr
Sacrement, ou au pied d'un Crucifix ,
s'uniſſant au culte que Jeſus-Chriſt a
rendu à Dieu ſon Pere, lorſqu'il vivoit
ſur la terre, à celui qui lui rend continuellement dans le Ciel, & dans tous
les lieux du monde, où il eſt préſent
dans l'Auguſte Sacrement, où il demeure avec nous & pour nous, par
amour juſqu'à la conſommation des
ſiécles. Il faut en union de tous les Aſ-
fociés lui faire réparation & amande
honorable pour toutes les injures, outrages & ingratitudes des hommes, &
pour nos propres irrévérences, & prier
pour les beſoins de l'Egliſe & de l'Etat:
pour ſes Parens, ſes Amis & Ennemis :
pour la converſion des pécheurs, des
hérétiques & des infidéles: pour les fidéles trépaſſés, & pour notre propre
ſalut. Tout cela ſe fait ſimplement ſans
contrainte ; une élevation d'eſprit, &
l'union du Cœur à celui de J. C. ſuffit, en s'uniſſant encore dans ſon amonr

(*) St. Math. C. XI. v. 29.

à tous ceux qui font à lui & qui l'honorent.

III.

En commençant l'heure de la Station, les Affociés pourront dire, avec une humble confiance à Notre - Seigneur :

O le Dieu de mon cœur! uniffez, je vous fupplie, ma foible priére à la fainteté & à l'ardeur de la vôtre, & détruifez en moi pour jamais tout mouvement d'orgueil & d'amour propre, toute lâcheté & toute négligence envers vous, pour me rendre avec vous un parfait adorateur de votre Pere, en efprit & en vérité. Ainfi foit-il.

Ou bien feulement ces paroles ; dans le même efprit & la mêmeintention. *O vere adorator & immeufe Dei amator ! Miferere nobis.*

O vous ! qui feul aimez, & qui feul adorez dignement & infiniment la Majefté de Dieu, par votre Cœur facré ayez pitié de nous, & faites-nous miféricorde: Ainfi foit-il.

Ou bien : O Cœur de mon Jefus, qui m'aimez fans retour,

Allumez dans mon cœur le feu de votre Amour !

I V.

Les Prêtres de l'Affociation diront deux Meffes chaque année, l'une pour obtenir aux Confreres vivants une fainte vie & une bonne mort ; l'autre pour le repos de l'ame des Confreres défunts. Les autres Affociés feront deux Communions aux mêmes intentions.

V.

Les Affociés doivent auffi fignaler leur zéle pour le Cœur de Jefus, par leur refpect & leur modeftie dans les Eglifes, leur affiduité à y adorer J. C. quand le faint Sacrement eft expofé, à l'accompagner quand on le porte aux malades: à faire de faintes Communions : en empêchant les irrévérences de ceux fur qui ils ont de l'autorité ; & en portant ceux qui leur paroîtront bien difpofés, à entrer dans cette fainte Affociation, à quoi rien ne les attirera davantage que leurs bons Exemples.

M O T I F S
Qui doivent porter les Fidéles à entrer dans cette fainte Affociation.

I.

TOut ce que Jefus-Chrift a fait & fouffert pour nous depuis fon Incarnation jufqu'à fa mort, c'eft par l'ar-

dent amour de son divin Cœur : c'est
lui qui le pressoit sans relâche de se consumer pour notre salut ; & non content
de cela, il s'est fait dans l'Euchariftie
notre Victime & notre Nourriture jusqu'à la consommation des siécles : Sacrement adorable, où il reçoit mille
outrages, mépris & ingratitudes, sans
que rien puisse ralentir son amour ;
quel motif de zéle pour nous porter à
l'y honorer, & lui rendre nos plus profonds hommages !

I I.

On trouve dans le Cœur de Jesus
une source intarissable de lumiéres &
de forces pour l'accomplissement de
tous ses devoirs ; on y trouve des secours particuliers pour vivre saintement, & pour mourir en prédestiné.
Quoi de plus propre à réveiller la piété
dans les Chrétiens, qui ne devroient
travailler qu'à obtenir par une vie constamment sainte, une mort précieuse
devant Dieu !

I I I.

La Dévotion au Cœur sacré de J. C.
est autorisée par les souverains Ponti-
fes : elle s'est établie dans les Diocèses
avec la permission des Evêques ; elle a
été reçûe dans quantité de Maisons Re-

ligieuſes, elle eſt pratiquée avec beaucoup de fruit par une multitude de per-
ſonnes du ſiécle. De l'Europe, elle a
paſſé dans l'Aſie, dans l'Amérique, au
Canada, à la Chine, &c.

Puiſſent tous les cœurs ſe réunir pour
honorer ſaintement le Cœur de Jeſus-
Chriſt, notre Seigneur & notre unique
eſpérance.

***

FORMULE

De la Réception dans l'Aſſociation du Cœur de Notre Seigneur JESUS-CHRIST.

On fait cette Proteſtation devant le Très-
Saint Sacrement.

O Cœur adorable de mon divin
Maître ! recevez-moi ſelon la
grandeur de votre miſéricorde & la
multitude de vos bontés, au nombre de
vos fidéles adorateurs, & rendez-moi
participant de toutes les bonnes œuvres
qu'ils feront pour votre amour & pour
votre gloire. Je vous ſupplie & vous
conjure d'étendre par toute la terre le
culte & la dévotion de votre Cœur ſacré, & de me rendre digne de l'honorer, & faire connoître aux autres le

bonheur infini ; & les graces fans nombre dont il comble ceux qui lui font
dévoüés. Poffédez moi, ô Cœur adorable ! régnez abfolument en moi, qui
mets toute ma joie & toute ma confolation à dépendre de vous en toutes
chofes, à n'être & ne vivre avec vous
qu'à Dieu feul par l'opération de votre
divin Efprit, & fous la protection de
votre fainte Mere, ô mon Seigneur &
mon Dieu ! Ainfi foit-il.

JOURS, SPECIALEMENT
confacrés à honorer le Cœur
de JESUS.

I.

Le Vendredi qui fuit immédiatement l'Octave de la Fête-Dieu, c'eft la
grande Fête de la Dévotion au Cœur
de Jefus ; il faut communier ce jour-là:
voyez ce qui eft dit dans l'Inftruction, page
23. & 24.

II.

Les premiers Vendredis des mois de
Mars, Mai, Août & Octobre, il y aura
ces jours-là à l'Eglife de la Vifitation
Expofition du Très-faint Sacrement
pendant les Vêpres, Salut, amende
honorable & Bénédiction. Il faut com-

munier ces jours-là pour gagner l'Indulgence de fept ans & fept quarentai-
nes de jours.

I I I.

Tous les premiers Vendredis de cha-
que mois il y aura dans l'Eglife de la
Vifitation, Salut, amende honorable
& Bénédiction. On communie ces
jours là pour obtenir une bonne mort.
Voyez l'Inftruction, page 30.

I V.

Tous les Vendredis, jours que l'E-
glife rapelle plus particuliérement le
fouvenir de la Paffion & de la Mort de
notre divin Sauveur.

PRATIQUES
Pour les Affociés.

I.

SE tourner en efprit vers une Eglife
à la priére du matin & du foir,
pour adorer le Cœur facré de Notre-
Seigneur, lui demandant fes graces, &
fur-tout fon faint amour, & qu'il nous
préferve de tout péché.

I I.

Entendre tous les jours la fainte
Meffe, à l'intention d'y rendre fes hommages au Cœur facré, & le dédomma-

ger des froideurs & de l'oubli des hommes.

I I I.

De tems en tems, au milieu de fes occupations ordinaires, élever fon efprit au Cœur facré de Jefus-Chrift par quelques ferventes afpirations, difant par exemple : Mon Sauveur & mon Dieu, donnez-moi un cœur parfaitement conforme au vôtre... Embrâfez mon cœur du feu de votre faint amour... O Jefus! faites que je vous aime comme vos Saints vous ont aimé; faites-moi prier comme vos Saints; fouffrir, travailler & agir comme vos Saints.

Cœur adorable de mon Sauveur, foyez l'objet de mon amour, le centre de mon repos, ma reffource dans mes befoins, mon azile dans les tentations!

Cœur de mon Pere, gouvernez-moi !

Cœur de mon Roi, protégez-moi !

Cœur de mon Juge, pardonnez-moi !

Cœur de mon Avocat, plaidez pour moi!

Cœur de mon Maître, enfeignez-moi !

Cœur de mon Pafteur, gardez-moi !

Cœur de l'Ami fidéle, confolez-moi !

Cœur de mon Souverain Seigneur, possé-
dez-moi, régnez en moi !

Cœur de mon Médecin, guérissez-moi !

I V.

Le Vendredi est particuliérement
destiné à honorer le Cœur sacré de notre Seigneur; parce qu'à tel jour il fut
percé pour nous sur la Croix; il faut
ajoûter quelque chose en ce jour à ses
dévotions, comme quelques actes de
mortification, surmontant son humeur,
& se privant de quelque plaisir. Une
visite extraordinaire au St. Sacrement;
une œuvre de charité à l'honneur du
sacré Cœur.

V.

Tous les Mois au moins se confesser
& communier, pour s'unir toujours
plus étroitement au cœur sacré de notre
Seigneur, & pour obtenir la grace de
mourir de la mort des Justes.

V I.

Tous les Associés à la Dévotion du
cœur de Jesus, sont invités à s'unir
particuliérement deux fois le jour, à
neuf heures du matin, & à quatre heures du soir, en se trouvant en esprit
dans ce cœur adorable, pour lui rendre
leurs hommages, chacun selon son at-

trait & la mesure de sa grace. Les uns
y pleureront & détesteront leurs péchés:
les autres s'y exciteront à l'amour de
Dieu: d'autres se répandront en adorations, loüanges & actions de graces,
pour réparer les injures & les outrages
qu'il reçoit des pécheurs: d'autres s'u-
niront à la très-Sainte Vierge, aux Anges & aux Saints, pour glorifier & aimer Dieu par son Fils unique, & prier
les uns pour les autres dans l'union de
ce Cœur sacré. Une simple élevation
intérieure suffit; ou si l'on veut, on
pourra dire à son choix une des Priéres
suivantes :

PRIERES.

O Divin & très-sacré Cœur de Jesus! je vous invoque avec tous
mes chers associés, pour tous les momens de notre vie ; mais sur-tout pour
celui de notre mort.

M On adorable JESUS! je vous conjure par les mérites de votre divin Cœur, d'effacer tous les péchés de
mon ame, & de suppléer à tous les défauts de ma vie.

JE m'unis, ô Cœur adorable de mon Sauveur ! à vos profonds anéantis-semens, aux sentimens de contrition que vous avez eu pour les péchés de tous les hommes, & sur-tout pour les miens.

JE m'unis à cet amour infini, à cet-te élevation, & à cette priére con-tinuelle & ineffable vers Dieu, votre Pere, dans tous les lieux du monde , où vous êtes présent dans la divine Eu-chariftie : à cet état d'adoration & de facrifice perpétuel, feul digne de Dieu.

ENfin, je m'unis, ô Divin Cœur ! aux actions de graces , & aux hommages ineffables, que vous rendez fans ceffe dans l'Euchariftie, à la fuprê-me Majefté de votre Pere. O Amour ! ô Cœur de Jefus ! foyez la vie de mon ame, maintenant, & à jamais. Ainfi foit - il.

PRATIQUES,

Tirées de la Vie de la Sœur Marguerite,
par Mr. Languet, ci-devant Archevêque de Sens. *Liv. 7. page 265.*

*Pratiques pour passer saintement le tems
de l'Avent.*

PEndant le tems de l'Avent il faut
nous unir d'esprit & de cœur à la
très-sainte Vierge, pour rendre hommage au Verbe incarné, en aimant &
adorant en silence avec elle ce Dieu
fait Enfant dans son sein.

Vous offrirez cinq fois le jour au Pere Eternel le sacrifice que le Cœur de
son divin Fils lui offre par son ardente charité sur l'Autel du Cœur de sa
sainte Mere. Vous lui demanderez en
même-tems, que tous les cœurs se con-
vertissent & se livrent à son Amour.
Vous lui offrirez à cette intention cinq
Actes de renoncement à vous-même.

Pour honorer les anéantissemens de
ce cœur adorable, vous ferez cinq Actes d'humilité, en vous tenant dans le
profond abîme de votre néant : Accep-
tant les mépris & humiliations qui

pourront vous arriver. Vous adorerez le Cœur de notre Seigneur neuf fois le jour en difant: *Venite adoremus & procidamus ante Deum.* Ou bien, *& Verbum caro factum est.*

Il faut pendant le faint tems de l'A-vent, pratiquer le filence intérieur & extérieur, tenant vos fens recueillis & attentifs à la mortification, pour ho-norer les facrifices que Jefus, anéanti dans le fein de fa Mere, y offre à fon Pere, comme fur un Autel choifi pour s'y immoler continuellement à la Jufti-ce Divine.

Il faut faire de fréquens Actes d'a-mour & d'adoration, en difant: Je vous adore & vous aime, divin Cœur de Jefus, vivant dans le Cœur de Ma-rie: Je vous conjure de vivre & de ré-gner dans tous les cœurs, fur-tout dans le mien, & de le confumer de votre pur Amour.

MANIERE,

Pour se tenir en la présence de Dieu.

*Elle consiste à méditer chaque jour de la
Semaine quelqu'une des P l a y e s de
Notre - Seigneur ; & elle peut servir
d'occupation pendant le Carême. (*)*

LE LUNDI.

VOus prendrez la Playe de la main
droite de Notre-Seigneur Jesus-
Christ. Elle servira comme de miroir à
votre ame ; elle s'y regardera de tems
en tems, pour y découvrir par la com-
paraison des souffrances & de la patience de J. C. les mouvemens déréglés
de votre cœur, & y reconnoître ce qui
empêche qu'il ne soit véritablement
uni à lui. Vous vous présenterez à lui
avec la qualité d'un criminel devant son
Juge: vous lui demanderez grace, &
d'être lui-même votre justice & votre
justification. Vous lui direz de tems en
tems : O Juge plein de clémence & de
miséricorde! par le mérite de votre sou-
mission à la rigoureuse sentence, & au
jugement injuste qui a été porté contre

(*) Liv. 7. p. 246.

vous, détournez de moi la condamnation que mes péchés ont mérité. D'autrefois vous direz: O Dieu! fauvez par bonté celui que vous pouvez damner par juſtice. Il faut ſuporter en eſprit d'expiation, tout ce qui ſe préſentera à ſouffrir, faiſant toutes ſes actions dans cet eſprit.

LE MARDI.

VOtre demeure ſera dans la Playe de la main gauche de J. C. Vous prendrez devant lui la qualité de l'Enfant Prodigue devant ſon Pere: Vous vous reprocherez à vous-même votre pauvreté, venuë de votre mauvaiſe conduite: vous demanderez pardon à votre Pere d'avoir diffipé ſes biens, en abuſant de ſes graces, & en mépriſant ſes volontés. Avec une grande confiance vous vous jetterez entre ſes bras, que ſon amour lui a fait étendre ſur la Croix, comme pour recevoir ſes enfans qui reviennent à lui. Vous lui direz ſouvent: Mon Dieu! vous êtes mon Pere, ayez pitié de moi ſelon la grandeur de vos miſéricordes: je m'abandonne à vous, ne me rejettez pas: l'enfant ne peut périr entre les bras d'un pere qui l'aime, & qui eſt tout-puiſſant.

fant. D'autres fois vous direz : O mon
Pere ! je suis votre enfant, rendez-moi
digne de ce titre ; que j'accomplisse désormais en tout & toujours votre sainte volonté : car je suis tout à vous. Vous
vous exercerez ce jour là à la pratique
de la douceur & de la patience.

LE MERCREDI.

IL faut vous retirer avec un profond
abaissement dans la Playe du Pied
droit de notre bon Pasteur : Vous y
contemplerez ce qu'il a souffert pour
courir après sa brebis égarée. Cette brebis c'est vous-même : & vous vous regarderez comme raportée au bercail par
la bonté du Pasteur ; vous vous cache-
rez près de lui, pour vous y tenir à l'a-
bri du loup : ce loup c'est le démon ;
c'est encore plus votre orgueil & votre
amour propre. Pensant ensuite combien ce bon Pasteur a fait de pas pour
vous chercher, vous l'en remercierez,
vous unirez vos pas aux siens ; vous lui
demanderez qu'il ne permette pas que
vous marchiez vous-même ailleurs que
dans la route de son amour. Vous lui
direz : O mon aimable Pasteur ! déta-
chez-moi de tout ce qui est créé, & de
moi-même ; afin que rien ne puisse

C

m'attirer en m'éloignant de vous. D'autres fois vous lui exposerez les blessures, que vous avez reçuës dans votre égarement, & vous lui direz : O mon Seigneur ! guérissez mes playes par le mérite des vôtres ; si vous le voulez, vous pouvez me guérir tout d'un coup. Ne perdez point d'occasion en ce jour de vous humilier.

LE JEUDI.

VOus vous retirerez dans la Playe du Pied gauche. Vous considérerez J. C. comme un Vainqueur, à qui les blessures ont causé la victoire : Vous vous regarderez comme un soldat destiné à combattre sous les yeux de votre Capitaine, & pour la même cause: vous considérerez tous vos ennemis qui vous entourent ; mais vous n'en serez effrayé, qu'autant qu'il le faut pour vous tenir serré près de votre Chef: il est lui-même notre bouclier & notre force: il pourroit nous exempter de combattre, mais il ne le veut pas; afin que nous faisant triompher, tout foibles que nous sommes, sa force paroisse dans notre foiblesse. Puis donc qu'il met son plaisir à nous voir combattre & vaincre, faisons le nôtre d'avoir à combattre

avec lui. Dites-lui souvent: O Seigneur!
je suis à vous, sauvez-moi : Je n'ai de
force qu'en vous, & je n'aurai de victoire que par vous : Soutenez ma foiblesse & je ne crains plus. D'autres fois
dites-lui avec ardeur: Mon Dieu, je
souffre violence, répondez pour moi :
& encore : Seigneur, venez à mon aide,
hâtez-vous de me secourir. La pratique
de ce jour sera la mortification de vos
passions.

LE VENDREDI.

Vous entrerez dans la Playe du Côté de Jesus : Vous vous y retirerez comme un Voyageur qui cherche
un port assuré, qui le désire pendant la
tempête, & qui est transporté quand il
l'a trouvé. Mais le voyage n'est pas fi-
ni: Il faut encore essuyer des orages &
éviter des écueils ; chaque jour en présente de nouveaux. Jesus sera votre Pi-
lote ; abandonnez-vous absolument à
sa conduite ; ne vous occupez d'aucun
autre soin que de l'aimer, & de chercher à suivre toutes les impressions de
sa grace. Dites lui de tems à autre : O
mon Amour! sauvez-moi, ne me laissez pas périr. La pratique de ce jour sera, d'étudier les mouvemens de ce

Cœur divin, & d'y conformer en tout
votre intention & vos défirs.

LE SAMEDI.

VOus envifagerez la bleffure que
reffentit J. C. par le poids de la
Croix, lorfqu'il la porta fur le Calvaire, & qu'elle ouvrit fur fon épaule une
large playe: Vous penferez que le poids
de vos péchés lui étoit encore plus dou-
loureux: Vous vous le repréfenterez
dans l'accablement où il étoit alors, &
vous vous reprocherez à vous-même
de l'avoir réduit dans cet état, en aug-
mentant encore le poids de fa Croix par
vos fautes journaliéres. Vous admire-
rez fa bonté, qui l'a engagé à fe char-
ger de tout par amour pour nous. Vous
lui direz: O généreux Ami! porterez-
vous tout le poids de la Juftice de Dieu,
& n'en partagerai-je rien ? Que puis-je
rendre à mon Dieu, pour tout le bien
qu'il m'a fait, & pour tout ce qu'il a
fouffert pour moi? je prendrai fon Calice, & je le boirai avec lui s'il le faut
jufqu'à la lie. La pratique de ce jour
fera, la mortification des fens; vous
privant de quelque plaifir, fatisfaction,
ou commodité.

LE DIMANCHE.

VOus confidererez Jefus expirant, & dans ce moment même con-fommant notre rédemption, & com-mençant la délivrance des Ames faintes qui étoient dans les Lymbes ; nous ado-rerons les derniers mouvemens de fon Cœur mortel, & le dernier foupir de fa vie, qui fcella l'arrêt de notre falut, & qui fut la confommation de fon fa-crifice & de fa victoire. O Jefus ! vos ennemis font vaincus ; mais ils efpérent me vaincre à leur tour : Triomphez en-core en moi, & rendez-les encore con-fus. Dites-lui quelquefois : Mon Dieu! conformez mon cœur au vôtre. Vous avez donné pour moi jufqu'à la derniére goutte de votre fang : prenez pour vous jufqu'à la plus petite affection de mon cœur ; il ne veut plus être parta-gé : il vous eft dû tout entier. Pour pra-tique, vous étudierez vos attachemens, pour les combattre & les détruire, s'ils ne font conformes à la volonté de Je-fus - Chrift.

XXXXXXXXXX:X:XXXXXXXXXX

PRATIQUES,

POUR SE PRÉPARER A LA FESTE
DU Sᵀ. SACREMENT,

ET A CELLE

DU CŒUR DE JESUS,

Tirées du Livre VII. page 267.

APrès vous être mis sous la protection de la Sainte Vierge, vous la
prierez de vous présenter à Jesus au St.
Sacrement, pour y honorer l'Offrande
qu'il y fait de lui-même à son Pere
Éternel : Vous unirez votre ame à la
sienne ; afin qu'il la préserve du péché;
votre cœur à son Cœur sacré; afin qu'il
y consume tout ce qui lui déplaît: Vous
unirez tout ce que vous êtes à tout ce
qu'il est , pour qu'il suplée à ce qui
vous manque.

  * Quand vous aurez fait des fautes,
après vous en être humilié, & avoir demandé pardon à Dieu , vous irez prendre dans le Cœur de Jesus la vertu contraire à votre penchant, pour l'offrir

(*) Page 263. & 264.

au Pere Eternel en expiation. Vous en ferez de même, lorfque vous verrez faire aux autres quelques fautes.

Vous vous conferverez dans la préfence de Dieu, en confidérant dans tout ce que vous ferez, les vertus & les opérations de Jefus au faint Sacrement. Vous offrirez à Dieu ces faintes difpofitions, pour fupléer à celles qui vous manquent, & pour réparer chacune de vos fautes; & lorfque vous fouffrirez quelque chofe, réjouïffez-vous d'être par-là conforme à Jefus fouffrant tant d'opprobres & d'injures dans le très-Saint Sacrement. Vos fécherefles & délaiffemens intérieurs, feront pour honorer celui qu'il éprouve de la part des hommes : la faim & la foif que vous reffentirez, honoreront celle que Jefus a de notre falut : l'ardeur de l'Eté, vous rapellera fa préfence du feu d'amour, dont ce Cœur divin eft allumé; & ainfi du refte.

La Fête du Cœur de Jefus, doit commencer dès la veille. Il faut fe difpofer à la célébrer par quelque Lecture, ou par quelque Méditation propre à nous infpirer de l'amour pour N. S. J. C. Faire une vifite au faint Sacrement, réciter les Litanies du Cœur de Jefus.

S'occuper l'efprit du fujet de la Fête, &
des moyens de la bien célébrer.

Le lendemain on tâchera de fe rendre à l'Eglife de bonne heure, pour employer le plus de tems qu'on pourra, à
honorer le Cœur facré de Jefus dans le
Saint Sacrement. La Confeffion , la
Communion & les autres Exercices de
dévotion fe feront comme on l'a déja
dit, avec le plus de ferveur & de piété
qu'il fera poffible. Après la Communion on fera l'amende honorable, à laquelle le cœur doit avoir plus de part
que la bouche; on fera enfuite l'Acte
de confécration, & les autres qui font
ci-devant, chacun felon fa dévotion.
Tout ce jour fe doit paffer dans un
grand recueillement, & le plus fouvent
qu'on pourra, devant le St. Sacrement.

PRATIQUES,

POUR HONORER

LE CŒUR DE LA SAINTE VIERGE.

NOtre-Seigneur a autorifé lui même la Dévotion de la Sœur Marguerite envers fa fainte Mere, (*) &
il lui apprenoit comment elle en devoit

(*) Livre troifiéme, page 99.

tirer plus de fruit pour la perfection : il
lui enseigna pour cela à étudier les saintes dispositions du Cœur de la très-
sainte Vierge, & à s'y conformer. Une
fois entr'autres il lui prescrivit pour
trois Exercices différens, trois dispositions très-saintes, imitées de la Sainte
Vierge dans les Mystéres de sa vie.

Le premier de ces Exercices étoit celui de la Ste. Messe. Il lui enseigna de
l'entendre avec les dispositions de la
sainte Vierge, lorsqu'elle étoit sur le
Calvaire auprès de la Croix, offrant sa
passion & ses souffrances au Pere Eternel, pour lui demander la conversion
de tous les cœurs endurcis & infidéles.

Il lui enseigna en second lieu à aller
à la sainte Communion, en lui offrant
les dispositions intérieures de la sainte
Vierge, au moment qu'il s'incarna dans
son sein ; il lui prescrivit d'entrer le
plus qu'elle pourroit dans les saints
transports de sa Mere dans cet heureux
moment, & de les demander par son
intercession.

Enfin, il lui apprit à faire Oraison
sur le modéle de celle du Cœur de la
sainte Vierge, lorsqu'elle fut présentée
au Temple, s'unissant à ses dispositions
intérieures dans cette sainte consécra-

tion, & demandant d'y participer.

Une autre fois Notre-Seigneur lui dit, (*) qu'il déſiroit que tous les Vendredis elle vînt un certain nombre de fois pendant le jour & la nuit l'adorer ſur l'Arbre de la Croix, qui eſt le Trône de ſa miſéricorde; qu'elle s'y proſternât humblement à ſes pieds, & qu'elle s'y tînt en la même diſpoſition qu'étoit la Sainte Vierge au tems de ſa Paſſion, offrant ces ſaintes diſpoſitions au Pere Eternel, avec les ſouffrances de ſon Fils, pour lui demander la converſion des cœurs endurcis & infidéles, qui réſiſtent au mouvement de ſa Grace; & il ajoûta que ceux qui ſe rendroient fidéles à cette pratique, il leur ſera favorable à la mort.

Ceci peut apprendre aux Ames pieuſes qui ſervent Dieu dans la retraite, que ſi par leur état elles ne ſont point employées à travailler au ſalut des Ames par le miniſtére de la parole & de l'inſtruction, elles y peuvent contribuer beaucoup par les hommages amoureux, qu'elles rendent à J. C. crucifié pour le ſalut du monde, par le ſoin qu'elles ont de ſe conformer à ſes ſouffrances,

(*) Livre Second, page 84. & ſuiv.

& d'expier par leurs austérités les crimes qui se commettent contre cette divine Bonté ; enfin , par les Priéres
qu'elles offrent pour le salut de tous les
infidéles & de tous les pécheurs, en
union de l'offrande que Jesus a faite
pour eux à son Pere de ses souffrances
& de sa mort.

(*) Une autre pratique que Notre-
Seigneur lui enseigna encore : c'est
premiérement, d'offrir au Pere Eternel les amples satisfactions que J. C. a
faites à la Justice divine pour les pécheurs, sur l'Arbre de la Croix, le priant
de rendre efficace le mérite de son Sang
précieux, dans toutes les ames criminelles, à qui le péché a donné la mort;
afin que ressuscitant à la grace, elles
glorifient Dieu éternellement.

Secondement, de lui offrir les ardeurs infinies du Cœur de J. C. afin
de satisfaire par elles pour la tiédeur &
la lâcheté de son peuple choisi: lui demandant que par l'ardent amour, qui
a fait souffrir la mort au fils de Dieu ,
il lui plaise réchauffer les cœurs tiédes
à son service, & les embrâser de ce
même amour ; afin qu'ils l'aiment &

(*) Livre cinquiéme, page 173.

le glorifient éternellement.

Troiſiémement, de lui préſenter la ſoumiſſion de la volonté de ſon Fils à toutes ſes volontés divines ; afin d'obtenir par le mérite de cette précieuſe obéïſſance, la conſommation & l'accompliſſement de ſa ſainte volonté ſur la terre.

EXERCICES
POUR LES ASSOCIÉS
A LA DEVOTION
DU CŒUR DE JESUS.

PRIÉRES
POUR LE MATIN.

C'EST par votre grace, ô mon Dieu ! que je vois encore ce jour, que vous ajoûtez à beaucoup d'autres, où je vous confeſſe que je ne vous ai pas rendu la gloire qui eſt duë à votre Souveraine Majeſté ; mais daignez recevoir la profonde adoration de mon eſprit humilié en votre préſence, & ne rejettez pas l'hommage de mon cœur, quoiqu'il ne vous offre qu'un

amour très-imparfait. Chaque jour,
mon Dieu ! vous m'infpirez le deffein
de vous mieux fervir ; mais toutes les
réfolutions que j'en forme dès le matin , s'évanoüiffent auffi tôt.

Aidez-moi à en prendre aujourd'hui
une plus efficace. Dans cette confiance
en votre fainte grace, je protefte que
c'eft dès maintenant que je vais commencer avec une ferme volonté d'obferver toutes vos loix, de faire pénitence de mes péchés, que je détefte de
tout mon cœur ; d'éviter toutes les occafions d'y tomber, de me conduire par
votre efprit, & de ne vivre plus que
pour vous. Je vous confacre pour cela
toutes les penfées , les paroles & les actions de cette journée, tous les fentimens de mon cœur, tous les mouvemens de mon ame, toutes les fortes de
peines qu'il vous plaîra de me faire
fouffrir. Mon cœur eft prêt, Seigneur,
il eft préparé à tous vos ordres; prenez-
moi fous votre protection. Je fuis à
vous, ne m'abandonnez pas. Préfervez-
moi aujourd'hui de toute iniquité, &
d'une mort fubite & imprévûë: Sanctifiez ma conduite; afin que ma journée
ne foit point vuide devant vous; qu'elle
ne fe paffe pas dans la diffipation du

monde. Que mes penſées ne me portent
point au mal, que mes paroles ſoient
réglées par la charité, que mes actions
ſoient animées par votre ſaint amour,
& que tout ce jour ſoit rempli des œuvres du ſalut, dans la participation des
mérites & des ſaintes affections du divin Cœur de Jeſus.

Pere Eternel, c'eſt aux mouvemens
du Cœur de Jeſus, votre cher Fils, que
j'unis mes actions, mes priéres, mes
ſouffrances ; & c'eſt ce Cœur, ſon
amour & tous les actes de cet amour,
que je vous offre, pour ſupléer par-là,
à tout ce qui me manque de ferveur &
de perfection. Je me retire dans ce
Cœur contrit & humilié de J. C. votre
Fils, pour y contempler, adorer &
imiter le ſacrifice qu'il y fait ſans interruption à votre divine Majeſté, &
pour participer à toutes les ſaintes dif-
poſitions, à tout l'amour de ce Cœur
adorable.

O Cœur adorable de Jeſus ! ſoyez
toujours l'objet de mon amour, le terme de mes déſirs, le centre de mon
cœur, ma paix & ma tranquilité à l'heure de ma mort ; ma vie & ma béatitude dans toute l'éternité. O Cœur aimable ! ſoyez connu, aimé & exalté juſ-

qu'aux extrémités de la terre. Comblez
de graces & de faveurs ceux qui vous
aimeront & vous glorifieront. Accor-
dez-leur l'effet de leurs humbles fupli-
cations, & que leur demeure foit pour
les fiécles des fiécles dans cet adorable
Sanctuaire. Ainfi foit-il.

Lorfqu'on entre dans l'Eglife.

Que tout genoüil fléchiffe devant vos
grandeurs, ô Majefté! ô Sainteté infinie de Notre-Seigneur J. C. cachée &
anéantie dans cet adorable Sactement;
que tout efprit vous adore, que tous les
cœurs vous aiment, que toute volonté
vous foit foumife; mais fur-tout, mon
Sauveur, que je fois tout à vous.

S'étant mis à genoux.

Me voici, Seigneur, dans votre
Temple, où vous voulez être adoré &
invoqué de nous. Je dois être moi-même le Temple vivant & le Sanctuaire
véritable, où repofe votre divine Majefté; il eft vrai que mon cœur eft bien
indigne de vous, & qu'il y a bien des
chofes qui peuvent offenfer vos yeux;
je le reconnois & je le confeffe; mais
qui peut, ô mon Dieu! le rendre pur,
que vous feul? & à qui puis-je recourir
qu'à vous? Purifiez-moi donc, s'il vous
plaît de mes offenfes, guériffez en moi

ce qui eſt malade ou languiſſant, for-
tifiez ce qui eſt foible, réparez ce qui
tombe en ruine, rempliſſez ce qui eſt
vuide, & rempliſſez le de vous-même,
pour le rendre digne de vous.

EXERCICE
DE PIETE',
Pour entendre la Sainte Meſſe.
Tiré de la Vie de la Sœur Marguerite. p. 349.

Offrande avant la Meſſe.

PERE Eternel, agréez que je vous
offre le Cœur de J. C. votre Fils
bien-aimé, comme il s'offre lui-même
en ſacrifice; recevez, s'il vous plaît,
pour moi, tous les déſirs, tous les ſentimens, toutes les affections, tous les
mouvemens, & enfin, tous les Actes
de ce divin Cœur: ils ſont tous à moi,
puiſque c'eſt pour moi qu'il s'immole;
ils ſont à moi, puiſque je prétends
n'en avoir point d'autres déſormais que
les ſiens. Recevez-les en ſatisfaction de
tous mes péchés, & en action de graces de tous vos bienfaits; recevez-les,
pour m'accorder par leurs mérites infinis, toutes les graces qui me ſont néceſſaires, & à tous ceux pour qui je

vous prie ; mais fur-tout la grace d'une
bonne mort ; recevez-les enfin, comme autant d'Actes d'amour, d'adoration & de loüanges, que j'offre à votre
divine Majefté ; puifque c'eft par lui
feul que vous êtes dignement aimé,
honoré & glorifié. Ainfi foit-il.

ÉLEVATION
AU PERE ETERNEL,

Depuis le commencement de la Meffe,
jufqu'à la Confécration ;

*Tirée du Pere Gourdan , mort en odeur de
Sainteté.* (*)

PERE Eternel, Dieu tout-puiffant,
jufte, faint, miféricordieux & infiniment Grand, à qui le facrifice de
la Souveraine Religion eft dû, comme
à l'Etre des Etres, & au Souverain des
Souverains, au Créateur & Seigneur
de toutes chofes, à notre Principe, à
notre Béatitude & à notre fin derniére;
je vous adore, je m'anéantis devant
vous, & je reconnois que tous mes ef-

(*) *Voyez le Livre intitulé :* Sacrifice perpétuel, &c. *page* 464. *Edition de Paris.*

forts pour vous adorer, vous aimer, vous remercier & vous demander le pardon de mes péchés, & les graces néceſſaires, ſont infiniment au-deſſous de ce que vous méritez ; je ne puis ni aſſez glorifier votre ſaint Nom., ni aſſez exalter vos miſéricordes, ni gémir aſſez de mes offenſes, ni obtenir par moi-même les vertus & les graces que j'attends uniquement de vos bontés ; je m'adreſſe donc à J. C. qui s'offrant dans l'Incarnation, comme une Victime à votre Souveraine Majeſté, a conſommé ſur la Croix ſon Sacrifice, & le veut encore perpétuer ſur nos Autels pendant tous les ſiécles, pour nous appliquer ſes mérites & ſes ſatisfactions infinies. C'eſt ſon Cœur divin qui lui a dicté cette invention admirable pour demeurer avec nous, & nous mettre en participation de tous ſes mérites, & de tous les Tréſors de ſa vie & de ſa mort. Je vous offre donc ce Cœur, ô Pere Eternel ! ce Cœur adorable, ce Cœur embrâſé d'amour, & vous ſuplie de l'agréer dans ce divin Sacrifice, afin que l'ardeur de ſa charité, l'innocence de ſa vie, le mérite de ſes ſouffrances, la profondeur de ſon humilité, me réconcilient parfaitement avec vous, & m'obtiennent la vie de la grace, & le Royaume de la Gloire. Ainſi ſoit - il.

❋❋❋❋❋❋❋✞❋❋❋❋❋❋❋

ELEVATION
A JESUS-CHRIST.

Depuis la Conſécration juſqu'à la Communion.

Du Pere Gourdan, page 466.

MON adorable JESUS, qui dans la très-auguſte Euchariſtie, que j'adore dans un profond anéantiſſement, renfermez excellemment votre Corps précieux & votre Sang vivifiant, votre Ame infiniment ſainte, & votre incompréhenſible Divinité ; j'admire le Don ineffable que vous y faites à votre Pere pour tous les hommes, de votre très - adorable & très-aimable Cœur ; vous employez les flammes de votre amour, votre adoration continuelle, pour glorifier celui dont vous êtes éternellement engendré, comme ſon Fils, ſon Verbe, ſa Sageſſe & la Splendeur éternelle de ſa gloire, & vous appliquez en même-tems les mérites, les vertus, les priéres & toutes

les plus excellentes richeſſes de ce même cœur pour ſanctifier les hommes ,
& les combler de vos faveurs ; je vous
adore , je vous aime, je vous glorifie
de tout mon cœur ; je m'offre à vous ,
pour participer aux graces de votre incarnation , à la pureté & à la ſimplicité
de votre ſainte enfance, aux tréſors de
votre vie cachée, au pſix infini de votre Paſſion & de votre mort. Je m'offre
à vous, pour entrer en quelque ſorte
dans la Playe de votre Côté ouvert, &
je me réfugie en eſprit dans votre divin Cœur ; afin qu'y étant purifié de
mes taches, de tous mes vices , & enfin, de mes attachemens à la terre, je
parvienne à la grace de la réſurrection
de l'immortalité bienheureuſe. Ainſi
ſoit - il.

✿✿✿✿✿✿✿✿✿✿✿

ÉLÉVATION
AU SAINT ESPRIT,

Depuis la Communion juſqu'à la fin
de la Meſſe.

De Mr. Gourdan , 467.

ESprit Saint , qui formez J. C. ſur
nos Autels à la voix du Prêtre, &
qui nous y préſentez dans les ſacrés

myſtéres ſon Cœur adorable, pour venir regner par la ſainte Communion dans les nôtres, je vous adore & vous offre mon cœur, afin que vous le réformiez, le purifiez, & le rempliſſiez de vos dons céleſtes, comme un vaſe qui ſoit digne de recevoir, au moins ſpirituellement celui de Jeſus; ne ſouffrez rien d'impur, ni de languiſſant dans l'exercice de mon amour; lavez mon cœur dans le bain des larmes de Jeſus-Chriſt; embrâſez-moi de vos divines ardeurs, animez-moi d'une ſainte reconnoiſſance & d'une foi ſi vive & ſi parfaite, que je ne cherche plus qu'à lui plaire, & qu'à faire ſa ſainte volonté, qu'à ſouffrir pour l'amour de lui, & qu'à pratiquer mes devoirs, & les régles les plus parfaites de l'Evangile. Ainſi ſoit-il.

ACTES

Pour la Communion ſpirituelle.

ACTE D'HUMILITE'.

Au *Domine, non ſum dignus.*

IL eſt vrai, Seigneur, que je ſuis très-indigne que vous entriez dans moi, mais c'eſt cette même indignité &

cette miſére, qui me fait déſirer ce Pain céleſte, & qui m'oblige dans la faim qui me preſſe, de recourir à la tendreſſe de votre Cœur, pour puiſer dans ſa divine plénitude de quoi ſuppléer à mes beſoins, & remplir le vuide du mien. Prenez poſſeſſion de mon ame qui vous eſt acquiſe par tant de titres, & venant à elle, rendez-la digne de vous recevoir, & de trouver en vous la vie.

ACTE DE FOI.

ADorable Jeſus, je croi d'une vive foi & ſur votre parole, que vous êtes ſous ces Eſpéces Sacramentelles, où la bonté ineffable de votre cœur vous a fait cacher, pour donner à nos ames un pain vivant, duquel elles peuvent tirer une vie toute divine; que vous y êtes comme un feu conſumant, capable d'embrâſer tous les cœurs; comme un tréſor caché, dans lequel eſt renfermée toute l'affluence des dons céleſtes, & enfin comme un reméde contre tous les maux.

ACTE DE DESIR.

MOn Ame, Seigneur, brûle du déſir de manger ce Pain céleſte, pour vivre d'une vie nouvelle; de

m'unir à ce feu facré, pour être em-
brâfée de votre amour ; de trouver ce
tréfor, & de tout vendre pour l'acheter, afin d'être enrichie par vos libéralités divines ; de prendre ce reméde
d'immortalité, pour être guérie de
tous fes maux ; mais pour obtenir cette
grace, il eft néceffaire qu'elle foit
exempte de tout péché. Ah ! Seigneur,
je détefte tous ceux que j'ai commis en
ma vie ; je les détefte de toute l'étendue
de mon cœur, & parce qu'ils vous dé-
plaifent, & qu'ils choquent votre bonté infinie. S'il n'y a rien fur ma confcience qui rende criminel le défir que
j'ai de vous recevoir, ah ! Divin Jefus,
j'abandonne toute mon ame à ce défir : venez donc, Seigneur, donnez-
vous à moi auffi efficacement par vos
graces, comme vous vous y donnez
par la Communion réelle de votre
Corps & de votre Sang précieux, duquel vous faites dans ce myftére une fi
libérale & fi abondante effufion fur les
enfans de votre Eglife. Lavez dans ce
Sang adorable tous les péchés du monde, & particuliérement les miens, accordez-moi la grace de n'en jamais plus
commettre, & de recevoir & confer-
ver en moi les fruits de ce divin Sacri-

fice, auquel je viens d'affifter.

ACTES

POUR LA CONFESSION.

PRE'PARATION.

QU E dirai-je, Seigneur, fur tous les péchés dont je me reconnois coupable devant vous? Ma honte & ma confufion vous parlent pour moi. Que ne vous ai-je pas promis, en recevant la rémiffion de mes offenfes, & comment ai-je tenu mes promeffes! Me voici devant vous tel que j'étois; comme fi vous ne m'aviez rien pardonné, & que je ne vous euffe rien promis: que ferez-vous de moi, Seigneur? Me rejetterez-vous pour jamais de votre préfence? & ne trouverai-je plus de graces auprès de vous, ô mon Dieu! C'eft ainfi que j'ai mérité d'être traité, & je me retirerois avec défefpoir fi je ne connoiffois l'étendue de votre miféricorde, qui furpaffe toute l'énormité de mes crimes: Je vous invoque, Miféricorde de mon Dieu, dans la plus fincére humiliation de mon ame: Plus je fuis coupable, plus j'efpére en vous:

daignez

daignez être touchée de mes miséres, sur lesquelles je vais m'accuser aux pieds de votre Ministre: je m'unis, ô mon Dieu! à la confusion que vous avez eû de mes péchés, à la douleur que vous en avez sentie au jardin des Olives: que ne puis je mourir de douleur, d'avoir offensé votre souveraine bonté. Ouï, je veux éviter avec soin toutes les fautes dont je vais m'accuser: faites-moi la grace de les réparer par une exacte pénitence: Ne méprisez pas, Seigneur, cette protestation de ma douleur sur tous les péchés dont je me sens coupable, & sur une infinité d'autres qui me sont inconnus; je suis tout pécheur, & vous êtes tout miséricordieux, j'espére de la bonté de votre Cœur adorable toute rémission, par le sang que vous avez répandu pour moi, & par la mort que vous avez endurée pour mes péchés.

ACTE DE CONTRITION.

O Mon Sauveur & mon Dieu! dont le Cœur blessé d'amour & de douleur, a conçû tant de regret de tous les péchés du monde, que ne puis-je ressentir la même douleur que je vous ai causée par les miens; supleez,

D

je vous prie, par la contrition que vous
en avez eüe, à celle qui me manque;
imprimez dans mon cœur l'horreur &
la crainte des offenses les plus légéres;
changez & réformez ce cœur ingrat sur
le modéle du vôtre, infiniment pur,
souverainement saint, & toujours embrâsé de l'amour de votre Pere céleste:
car je ne veux plus aimer que ce que
vous aimez, comme je déteste tout ce
qui vous déplaît. Ainsi soit-il.

AUTRE ACTE DE CONTRITION.

O JESUS! mon Seigneur & mon
Dieu, je vous conjure de percer
mon cœur du trait de votre amour, &
de mettre fin à mes ingratitudes: souvenez-vous, divin Sauveur, que votre
Cœur sacré portant le poids de mes péchés au jardin des Olives & sur la
Croix, en a été affligé & triste jusqu'à
la mort, & qu'il a gémi sur mes miséres en particulier; ne permettez pas,
je vous suplie, que vos tristesses, vos
douleurs, vos larmes, vos sueurs, votre précieux sang, me soient inutiles;
touchez efficacement mon cœur, quelqu'ingrat qu'il soit: car malgré mon
indignité, vous ne laissez pas de m'aimer; vous m'avez aimé lors même que

je ne penfois pas à vous, & que je ne
vous aimois pas ; mais maintenant que
je veux vous aimer, accordez-moi votre faint amour. Je vous le demande
par les mérites de votre fang précieux ;
je vous donne mon cœur, ce cœur
fouillé de tant de crimes, purifiez-le &
placez-le dans le vôtre, qui eft infiniment pur ; faites que ce moment foit
celui de ma converfion, que je commence à vous aimer pour ne ceffer jamais. Ainfi foit-il.

APRE'S LA CONFESSION.

M'Avez vous pardonné, Seigneur?
m'avez-vous pardonné? Quels
péchés ! quelle ingratitude ! j'en fuis
encore tout pénétré d'horreur. Hélas,
mon Dieu ! ne puis je pas efpérer que
vous êtes appaifé, & que vous m'avez
reçû dans votre grace : vous me l'avez
dit, mon Dieu ; je l'ai comme enten-
du dans le fond de mon cœur, *Tes péchés te font remis :* je ne puis parler,
Seigneur, mon cœur eft également pénétré de douleur & de reconnoiffance :
je fuis donc revenu à vous après tant
d'égaremens, & vous m'avez reçu après
tant d'infidélités : que vous dirai-je, &

mon Dieu ! Tout ce qu'i eſt en mo
reſſent votre bonté ; j'étois bien loin
de vous, & vous m'en avez raproché;
j'étois mort, & vous m'avez reſſuſcité;
j'étois damné, & vous m'avez ſauvé:
Ah Seigneur ! je n'oublierai jamais
mon péché, ni votre grace: qu'il ſoit
détruit ce péché dans moi, & que je
m'en ſouvienne toujours, pour vous
en faire une continuelle ſatisfaction ;
mais que votre grace que je viens de
recevoir, ne m'abandonne jamais, &
que je puiſſe vous en remercier dans
tous les ſiécles des ſiécles.

O Seigneur ! daignez tourner vers
moi les yeux de votre compaſſion, vous
me ferez vivre, & mon ame ſe réjouï-
ra en vous ; faites-moi, Seigneur,
ſentir votre miſéricorde, & me donnez votre paix, par l'impreſſion du divin amour, dont votre très-adorable
Cœur eſt une ſource infinie.

ORAISON
APRÈS LA CONFESSION.
Pour exciter en ſoi-même la Confiance
envers le Cœur de JESUS.

POurquoi, divin Cœur de JESUS!
n'aurai-je pas recours à vous dans
tous mes beſoins? Oſerai-je douter que

vous ne puissiez faire pour moi tout ce que je pourrai vous demander.

Si j'ai besoin que vous intercédiez auprès du Pere Eternel, pour obtenir le pardon de mes crimes, hé! n'avez vous pas mérité le pardon de tous les péchés qui ont jamais été commis depuis le commencement du monde, & même qui pourront se commettre jusqu'à la fin des siécles? Ne l'avez-vous pas mérité ce pardon; je ne dis pas par tout le sang que vous avez versé; mais par le plus foible de vos soupirs? Quoi! Dieu pourroit-il refuser ma grace, l'absolution de mes crimes au Cœur adorable de son très-cher Fils, qu'il regarde comme l'objet de ses plus tendres complaisances? De plus, l'ouverture sacrée que vous fit la lance, avec le sang adorable qui a découlé de cette Playe; ce sang précieux n'est-il pas une voix beaucoup plus forte que le sang d'Abel? J'espérerai donc d'obtenir par vous & de vous le pardon de tous mes crimes, quelques abominables & quelques innombrables qu'ils puissent être, puisque je les déteste de tout mon cœur, & que je les veux désormais expier & éviter. Oui, vous serez mon réfuge dans le jour de la colére, & je me ca-

cherai dans votre Cœur, ô mon Jesus!
comme dans un azile très-assuré à tous
les criminels, qui déteftent leurs crimes de tout leur cœur.

Avant que de faire fa Pénitence.

PEre Eternel, regardez-moi dans le
Cœur de votre Fils, que vous
avez frapé pour mes péchés & pour
ceux de tout le monde: que cette Victime adorable appaife votre courroux;
& parce que je ne puis vous plaire par
aucune de mes actions, fouffrez, qu'é-
tant uni à l'efprit de Jefus, je vous offre cette pénitence abîmée dans l'océan
des fatisfactions & des œuvres pénibles
de cet adorable Rédempteur; je vous
fuplie que l'abondance de fes mérites,
& l'étendue immenfe de fon amour &
de fes douleurs intérieures & extérieu-
res, fupléent au défaut de toutes les
fatisfactions dont je fuis redevable à
votre Juftice. Ainfi foit-il.

INSTRUCTION
SUR LA COMMUNION.

LA Dévotion au Cœur de JESUS,
eft la difpofition la plus propre
pour faire une fainte Communion.

· Il faut que cette Dévotion soit accompagnée d'une vive foi sur les qualités admirables de cette divine Nourriture que nous allons recevoir, d'une grande pureté de vie, d'une mortification généreuse; enfin, de l'imitation des vertus que l'on admire, & que l'on aime dans J. C.

Si nous voulons que le Sacrement de l'Euchatistie produise en nous des sentimens d'amour de Dieu; pensons à l'amour immense que Dieu a eu pour nous, en instituant ce Mystére, & au dessein qu'il a eu de nous engager par-là à l'aimer parfaitement. Le trop d'empressement que J. C. reprit dans Marthe, devroit apprendre à certaines ames inquiétes, & toutes occupées à réciter beaucoup de priéres vocales, que la tranquilité du cœur, le recueillement intérieur, & l'application à écouter de tems en tems J. C. en silence, à l'exemple de la Madeleine, est le meilleur parti qu'il y ait à prendre; c'est à dire, que nous devons employer la plus grande partie de ce précieux tems, qui précéde, qui accompagne & qui suit immédiatement la Communion, à faire beaucoup d'Actes intérieurs, dont l'amour de J. C. soit le

Principe. Faifons quelques Priéres
avant la Communion ; mais paffons du
moins un quart d'heure à réfléchir fé-
rieufement fur l'action que nous allons
faire. Il eft bien difficile qu'une Ame
foit perfuadée qu'elle va recevoir J. C.
qu'elle en ait le défir, qu'elle y penfe ,
& qu'elle n'en foit que médiocrement
touchée.

La préfence d'un Prince déguifé, ne
diminue rien du refpect qui lui eft dû,
dans ceux qui fçavent que c'eft le Prince ; & un bienfait fignalé, un témoignage d'amitié qu'il nous donne en cet
état, nous engage encore plus à l'aimer, fur-tout, fi ce n'eft que pour
nous rendre quelque important fervice qu'il s'eft déguifé. Appliquons ceci
à J. C. O Ame fidelle ! fi tu fçavois qui
eft celui qui te vient voir, & les biens
que tu peux recueillir de cette vifite! tu
vas recevoir le Corps adorable de J. C.
ce Corps facré avec les Playes qu'il fit
toucher à fes Difciples après fa Réfur-
rection ; tu vas recevoir fon Cœur percé pour ton amour ; tu vas recevoir
ton Dieu, ton Jefus. C'eft dans le
Cœur de Jefus que nous devons entrer ;
dans ce Cœur nous devons apprendre
à prier, à remercier notre Dieu, à le

loüer, à nous anéantir en fa préfence;
mais fur-tout à l'aimer.

Que de merveilles J. C. n'opére-t'il
pas en ces précieux momens dans une
ame pure, dans une ame qui aime vé-
ritablem.. t J. C. Le feul fouvenir du
Cœur de Jefus fait fentir une tendre
dévotion : que produira donc fon adorable préfence dans une ame qui défire
s'unir à ce Cœur facré.

Si J. C. nous donne en entrant des
marques fenfibles de fa préfence, comme il arrive ordinairement à ceux qui
ont une tendre dévotion à fon Cœur,
profitons de ces précieux momens, te-
ñons-nous dans un grand recueillement intérieur, écoutons Notre-Seigneur, laiffons faire la grace; fi nous ne
l'empêchons point d'agir par des dif-
tractions volontaires, elle fera en nous
des prodiges.

L'occupation d'une ame fervente en
ce tems-là, doit être principalement de
s'abandonner entiérement à l'amour de
fon divin Sauveur, & joüir doucement
de fa préfence; un amour tendre & fincére eft en même-tems & la meilleure
difpofition à la Communion, & le
fruit principal qu'on en doit tirer. La
Madeleine en filence aux pieds du Sau-

veur, eſt le modéle d'une ame qui vient
de communier. Que ſi elle parle, il faut
que ſes paroles ne ſoient que des ex-
preſſions de ſon amour, de ſon admi-
ration & de ſa joie.

Il faut tâcher alors d'entrer dans les
ſentimens de J. C. & conſidérer ce
qu'il trouve en nous qui lui déplaît ;
quels ſont les deſſeins qu'il a ſur nous;
ce qu'il veut que nous faſſions, & ce
qui peut empêcher déſormais que nous
ne faſſions ce qu'il veut. Tenons-nous
proſternés à ſes pieds en eſprit, & ra-
nimant de tems en tems notre foi ſur
la préſence de J. C. adorons-le ſans
ceſſe avec un profond reſpect, mêlé
d'étonnement, de voir ce Dieu de Majeſté, devant qui les Séraphins trem-
blent, s'abaiſſer juſqu'à venir loger
dans le cœur d'un pécheur, renverſer
pour cela toutes les loix de la nature,
& opérer des miracles ſi ſurprénans.
Puis, paſſant des ſentimens d'admira-
tion à ceux de reconnoiſſance, dans
l'impuiſſance où nous nous trouvons
de la pouvoir aſſez marquer à Notre-
Seigneur, nous inviterons toutes les
créatures à le bénir avec nous; nous lui
offrirons l'amour qu'ont pour lui tous
les bienheureux, & la ferveur avec la-

quelle tant de faintes Ames commu-
nient ; nous lui offrirons fon propre
Cœur, avec l'amour immenfe dont il
eft embrâfé.

Enfuite expofons-lui nos befoins,
nos miferes : nous pouvons lui dire,
avec Marthe : Seigneur, celui que vous
aimez eft malade ; puis-je douter de
votre amour après ce que vous avez
fait pour moi, après ce que vous venez
de faire ? fi vous m'aimez, pouvez-
vous voir mes infirmités fans les guérir?
Mais fur-tout pouvez-vous voir que
je vous aime fi peu, fans embrâfer mon
cœur du feu facré de votre amour :
quand vous voudriez me refufer tout
le refte, pourriez-vous ne me pas accorder votre parfait amour? je fçai que j'ai
mis de grands obftacles aux deffeins
que vous avez de ma fanctification ;
mais commencez, ô mon Dieu ! par
ôter ces obftacles.

Ne manquons jamais à chaque Communion de faire à Jesus-Christ quelque Sacrifice, qui puiffe lui être agréable, en lui promettant de nous appliquer
à corriger quelque défaut que nous
fçavons lui déplaire davantage ; &
tâchons de paffer le refte du jour de
la Communion dans un grand recueillement intérieur.   D vj;

Saint Bonaventure diftingue plufieurs
fortes de motifs, qui peuvent porter
les fidéles à recevoir la Communion: les
uns fentant leurs infirmités fpirituelles,
fouhaitent d'être vifités par le Médecin
célefte qui eft feul capable de les guérir.
Les autres ayant beaucoup péché n'ont
rien à offrir de plus agréable à la juftice Divine, que cet Agneau fans tache
qui ôte les péchés du monde. D'autres
fe voyant accablés de douleurs , &
combatus de violentes tentations, ont
recours à un Dieu tout-puiffant , toujours prêt à les affifter. Quelques-uns
pouffés par la charité qu'ils ont pour
leurs freres, foit vivans , foit trépaffés,
employent le fang de J. C. pour obtenir
aux vivans le pardon de leurs péchés,
& aux morts le foulagement de leurs
peines.

Enfin d'autres preffés du défir d'aimer le Sauveur, le reçoivent dans l'a-
dorable Euchariftie , pour être véritablement embrâfés de fon amour ; &
l'on peut dire , que ce dernier motif
eft le plus parfait, & le plus conforme
aux deffeins que J. C. a en fe donnant
à nous.

Ce divin Sauveur vient à nous pour
unir plus étroitement à lui , il

nous ouvre son Cœur, il nous le donne, oserions-nous lui refuser le nôtre;
entrons dans cet aimable Cœur, &
puisqu'il vient en nous, qu'il prenne
désormais la place du nôtre, pour
n'avoir plus d'autres sentimens que les
siens.

✳✳✳✳✳✳✳✳✳:✳✳:✳✳✳✳✳✳✳✳✳

PRIERES
POUR
LA SAINTE COMMUNION.

OÙ vais-je, Seigneur, & à quoi
m'apellez vous? à votre sainte
Table, à la participation de votre
Corps, de votre Ame & de votre Divinité. Hélas! moi pécheur, & bien
plus digne de vos vengeances, que
d'une telle miséricorde, je sens bien,
mon Dieu, que tous mes besoins me
conduisent à vous, qui êtes toute ma
force & ma consolation; mais combien mes miseres & mes infidélités
m'éloignent-elles de vous? cependant
vous m'apellez, & vous m'ordonnez
de vous recevoir; sur votre parole &
sur ce commandement je m'approche,
Seigneur, avec toute la connoissance

de mon indignité , & toute la confiance en votre bonté.

Avec quels fentimens de mon cœur
ne devrois-je pas répondre à la grandeur de la grace que vous me faites ;
cependant quelle féchereffe dans moi ?
Vous contenterez-vous , Seigneur, de
ma difpofition ? Je croi que vous êtes
réellement dans ce divin Sacrement,
& je confeffe que tous mes péchés m'ont
rendu très indigne de vous recevoir :
Ne les regardez pas , Seigneur , ces
péchés, mais la douleur fincere que
j'ai de les avoir commis, & la protefta-
tion que je vous renouvelle de m'en
corriger. Je viens à vous pour me con-
firmer dans ces fentimens, & pour recevoir des forces contre toutes mes paf-
fions & mes mauvaifes habitudes: vous
m'avez lavé, Seigneur, de votre Sang,
nourriffez moi de votre Chair; prenez
poffeffion de mon ame, & confervez-
la dans votre grace jufqu'à la vie éternelle, en imprimant dans mon cœur
les divines inclinations du vôtre.

ACTE DE FOI & D'ADORATION,

JE croi, mon Sauveur , que vous
êtes réellement & fubftantiellement
préfent fous les efpéces qui paroiffent

à mes yeux. Je sçai que ce n'est plus du Pain & du Vin ; car vous l'avez dit, Seigneur, vous qui êtes la vérité même, & je sçai que tout obéit à votre voix.

Je vous adore de tout mon cœur, ô Dieu caché sous ces Symboles ! mes sens ni ma raison ne comprennent rien dans ce mystére ; mais il suffit que vous parliez, mon esprit se soumet à vous tout entier. Il n'y a rien de plus véritable que cette parole :
Ceci est mon Corps, ceci est mon Sang.

Vous ne me cachiez à la Croix que votre Divinité, vous nous cachez ici l'humanité-même : je les crois présentes l'une & l'autre dans ce Sacrement ; faites-moi la grace de les voir un jour à découvert dans le Ciel , & de les recevoir maintenant.

Préparez-vous en mon cœur une demeure digne de vous, purifiez ma conscience par une foi vive. Je crois, Seigneur , faites-moi vivre selon ma créance. Venez, Seigneur Jesus, venez, mon cœur vous attend; venez, comblez-moi de vos graces.

Après la Sainte Communion.
Ame de Jesus , sanctifiez-moi !
Cœur de Jesus , enflammez-moi !

Corps de Jefus-Chrift , fauvez-moi !
Sang de Jefus , enyvrez-moi !
Eau qui coulâtes du Côté de J. C.
    lavez moi !
Paffion de Jefus , fortifiez-moi !
O bon JESUS, exaucez-moi!
Cachez-moi dans vos Sacrées Playes !
Ne permettez pas que je me fépare ja-
    mais de vous.

O Sacré Banquet , dans lequel on reçoit J. C. même , dans lequel la mémoire de fa Paffion eft renouvellée; l'Ame eft remplie de graces , & le gage de la gloire que nous efpérons nous eft donné.

ACTE D'ANÉANTISSEMENT
après la Sainte Communion.

Majefté adorable de mon Dieu, devant qui les plus purs efprits fe reconnoiffent indignes de paroître, que puis-je faire ici en votre préfence , & vous fentant fi intimement uni à moi-même , fi ce n'eft de vous adorer dans le plus profond filence de mon ame? C'eft, Seigneur , tout ce que je puis vous rendre pour le don infini que vous venez de me faire. Recevez pour toute action de grace, mon filence, mon humiliation , ma confufion.

Mon cœur voudroit bien vous parler, mais toute expreſſion & tout ſentiment lui manque, & il ne peut s'exprimer : vous l'entendez pourtant bien ce cœur, tout muët qu'il eſt devant vous. Il croit en vous fermement, il eſpere en vous uniquement, il vous vous aime ſincérement, & veut ſe donner à vous entiérement.

Aidez-le Seigneur, aidez ce cœur dans les bons déſirs que vous lui faites concevoir, & il ſera parfaitement à vous. Ah! Seigneur, puis je n'être pas à vous, vous ayant ainſi tout à moi! Arrachez-moi de moi même, de mes paſſions, de mes habitudes, que je vous ſacrifie volontiers, ſur-tout celle qui m'a ſi fort dominé, & attachez-moi à vous pour toujours. Ne me quittez pas, Seigneur, laiſſez-moi votre Grace & votre Eſprit.

Seigneur, en me faiſant ſouvenir de votre mort dans cette Communion, ſouvenez-vous auſſi de la mienne : ne permettez pas que je meurre dans le péché ; mais par votre Sang, par votre Cœur adorable, accordez-moi la grace de vivre & de mourir dans votre ſaint Amour.

ACTE DE REMERCIMENT.

QUe vous rendrai-je, Seigneur, pour toutes les graces que j'ai reçûës de vous pendant toute ma vie? Vous n'avez jamais ceffé de me faire du bien, & je n'ai point ceffé de vous offenſer. Ah! tout le reſte de ma vie ne doit plus être qu'une continuelle action de graces, pour tous les Bienfaits ſpirituels & temporels dont je vous ſuis redevable: Que mon Ame béniſſe ſans ceſſe le Seigneur; que tout ce qui eſt en moi loüé éternellement ſon St. Nom, & que mon cœur embrâſé de vos divines flammes repoſe dans votre Cœur, comme dans une ſource intariſſable de vertus & de bonnes œuvres : car que ſuis-je, mon Dieu, pour vous pouvoir loüer? Que tout ce qui eſt en moi béniſſe votre Saint Nom ; que Jesus-Christ au fond de mon cœur, que votre Fils qui eſt au dedans de moi par la réception de ſon Corps adorable, ô Pere Saint, ſoit lui même une action de grace parfaite, & un ſacrifice de loüange.

O Dieu! qui nous avez laiſſé dans cet admirable Sacrement la mémoire de votre Paſſion ; accordez-nous, s'il

vous plaît, la grace d'honorer de telle
forte les faints Myftères de votre Corps
& de votre Sang, que nous reffentions
toujours en nous les fruits de la Rédemption que vous nous avez méritée,
ô Jefus! qui vivez & régnez dans les
fiécles des fiécles.

PRIERES

Pour réciter pendant l'heure d'Adoration, & aux Vifites du Saint
SACREMENT.

A LA SAINTE TRINITÉ.

AUGUSTE Trinité, Pere, Fils,
& Saint Efprit, Dieu tout-puiffant, auquel l'Ame Sainte de Jefus
dans fon Divin Sacrement, rend des
honneurs infinis & des louanges immortelles, je crois en vous, je vous
adore, je vous aime, & je me joins
dans un profond abaiffement aux fu-
prêmes honneurs que cette humanité
facrée vous rend dans cet état d'anéan-
tiffement. Quelle bonté, Pere Eternel,
de nous avoir donné ce Fils bienaimé,
& de ne l'avoir point épargné fur la
Croix pour nous fauver par fes fouf-

frances. Quelle miséricorde infinie d'avoir subftitué aux anciens Sacrifices ce suprême Holocaufte ; & à la Manne que vous avez fait autrefois pleuvoir du Ciel, la Chair vivifiante & le Sang précieux de cet Homme - Dieu ; recevez, s'il vous plaît, fon Sacrifice offert chaque jour fur les Autels, comme le témoignage le plus autentique de votre Souveraineté ; recevez-le comme l'action de grace de tout l'univers, & fur tout du peuple chrétien, pour tant de bienfaits dont vous l'avez comblé. Recevez-le comme une fatisfaction infinie pour tous les péchés qui irritent votre juftice, & enfin comme la plus efficace de toutes les Priéres ; pour obtenir de votre bonté les graces nécef-faires à la fatisfaction de nos Ames, à l'exaltation de l'Eglife, & à la con-fommation de l'Evangile.

Regardez, ô Dieu ! la face de votre Chrift immolé pour toutes nos of-fenfes ; confiderez cet objet de vos complaifances défiguré fur la Croix, anéanti fur l'Autel, caché dans les Tabernacles, mangé par les fidéles, & nous accordez, à caufe de votre Fils, le pardon de nos péchés, votre protec-tion, votre Royaume Eternel ; vous avez comblé fon humanité fainte de dons infinis & d'une plénitude immenfe de toutes fortes de graces, vous l'avez établi notre Chef, notre Pontife, notre Médiateur, le fondement inébranlable de notre Salut ; il vous parle pour nos befoins, il fait l'office de notre Médiateur auprès de vous dans le très-Saint Sacrement : qu'une fi puiffante Médiation fléchiffe votre colere : Pere célefte ! que ce Fils fi chéri de vous foit loué & adoré par-tout dans la divine Euchariftie ; que toutes les Nations du monde le reconnoiffent ; que tous les efprits & les cœurs lui foient affujettis ; que cet Augufte Sacrement foit traité avec révérence & avec amour, vifité avec confiance, reçû avec empreffement, prêché par toute la terre avec une fainte liberté. Pour votre Eglife Sainte, qui fait gloire d'exalter fon culte, fanctifiez-la de plus en plus par la préfence de ce Divin Sauveur ; augmentez dans fes membres vivans la foi, l'efpérance & la charité ; rendez la vie à fes membres morts, multipliez fes enfans, défendez-là contre fes adverfaires, béniffez le fouverain Pontife, le Vicaire de votre Fils en terre, fanctifiez

les Prélats, les Pasteurs, les Prêtres,
& les Ministres de l'Evangile & de
cette Sainte Eucharistie. Remplissez
aussi de vos faveurs tous les dégrés
différens de l'Eglise, les Rois, les Princes, les Magistrats & les Peuples ; &
faites que les très Saint Sacrement soit
à tous une fontaine de vie, un azile
de grace, une table de délice, & un
trône de miséricorde.

Souvenez-vous de tant d'hommes
Apostoliques qui prêchent la foi, con-
servez inviolablement la discipline
Evangelique. Enfin Seigneur, mon
Dieu, par les mérites d'une Hostie si
sainte, ayez pitié des pauvres, des
affligés, des malades, & des Agoni-
sans, soulagez-les tous dans leurs besoins ; & pour ces Ames que vous
tenez captives dans le Purgatoire,
appliquez-leur le Sang d'une si adorable
Victime, qui les retire promptement
de ces feux purifians, afin qu'elles vous
adorent éternellement dans la compagnie des Bienheureux.

AMENDE HONORABLE
Au Cœur de Jesus, dans le Très-Saint
Sacrement de l'Autel.

Qui se peut faire en public.

CŒUR très-adorable de Jesus,
mon Sauveur, Cœur tout brûlant
de charité, & embrâsé de zéle pour
les intérêts de votre Pere, & pour le
salut de nos Ames. Cœur toujours sensible à nos miseres, toujours empressé à
nous faire du bien, par l'excès du plus ardent & du plus prodigieux de tous les
amours, vous vous êtes mis en état de
victime dans l'adorable Eucharistie où
vous vous offrez à votre Pere en Sacrifice de propitiation pour nos péchés;
puisque la plûpart des hommes n'ont
pour vous que du mépris & de l'ingratitude, n'est-il pas juste que touchés
des outrages & des sacriléges qui se
commettent si souvent contre le Sacrement de votre amour, nous tâchions
de les réparer de tout notre pouvoir?
C'est pour cela, ô Divin Jesus! que
prosternés & anéantis devant vous,
nous vous en faisons aujourd'hui une

réparation publique & folemnelle aux
yeux du ciel & de la terre. Ah! que
nous souhaiterions qu'il nous fût poffible d'adoucir en ce moment toutes
les amertumes, que la multitude de
nos péchés a fait reffentir à notre
Cœur adorable, lorfque profterné devant votre Pere au jardin des olives,
vous en avez porté le poids, & lorfqu'expirant d'amour & de douleur fur
le Calvaire, vous avez jetté le dernier
cri pour rappeller les pécheurs & les
combler de vos miféricordes. Vous
êtes à préfent fur cet Autel, adorable
Jefus, fous les voiles de votre Sacrement; le Cœur ouvert pour recevoir
les pécheurs pénitens. Cœur adorable
de Jefus, fource de véritable contrition, donnez nous cet efprit de pénitence, ce cœur humilié & brifé de douleur, cette fontaine de larmes qui nous
eft néceffaire pour pleurer amérement
nos propres péchés & ceux de tous
les hommes.

Pardon, Divin Jefus, de toutes les
injures, de tous les outrages qui vous
ont été faits dans tous le cours de vo-
votre fainte vie, & de votre doulou-
reufe paffion. Pardon de toutes les
impiétés, de toutes les irrévérences &
de

tous les facriléges qui ont été commis
contre vous dans vôtre divin Sacrement
de l'Euchariftie , depuis que par le plus
grand excès d'amour vous l'avez infti
tué pour nous: pardon , Seigneur , de
toutes nos tiédeurs, de nos infenfibili-
tés en la préfence de votre Augufte Majefté , & de nos manquemens de préparation à la Communion, du peu de
profit que nous en avons tiré par notre
propre faute & nos négligences. Recevez favorablement l'Amende honorable que nous vous faifons ici en l'union
de celle que votre Cœur Sacré fait
continuellement fur cet Autel à votre Pere , de celle qu'il lui a faite fur
le Calvaire , & de celle que votre
Sainte Mere vous fit au pied de la
Croix, affiftant à votre Sacrifice fan-
glant.

Pardonnez, Seigneur, nos irréligions
& nos ingratitudes paffées, rendez
efficaces par votre grace le défir ardent
& la fainte réfolution dans laquelle
nous fommes de vous aimer & de vous
adorer fans ceffe dans le Sacrement de
votre amour, pour réparer nos négligences & nos infidélités par une véritable converfion , & un zèle ardent
de votre honneur & de votre gloire;

E

mais vous, Sauveur adorable, qui fçavez
notre impuiffance, foyez vous-même
notre Reparateur & notre Médiateur,
appaifez la colére de votre Pere célefte,
que nos péchés ont irrité ; couvrez
nos défauts de votre ardente charité,
de votre profonde humilité, de votre
douceur, de votre patience, & de toutes vos vertus ; permettez enfin qu'en
toute confiance nous nous réfugions
vers vous, & nous vous difions fans
fans ceffe, ô Sacrificateur de la nouvelle
Loi, & qui en avez voulu être la victime uniffez-nous à votre Sacrifice,
immolez nos cœurs avec le vôtre, ô
véritable & parfait Adorateur, qui feul
aimez Dieu d'un Amour fouverain,
immenfe & infini ; ayez pitié de nos
foibleffes & de nos miferes, que votre Pere fe fouvienne de tous vos
Sacrifices, ô Roy d'amour ! & qu'il
nous accorde pour nous tous les défirs
de votre Cœur. Ainfi foit-il.

Amende honorable en particulier.

ADorable Cœur de Jefus, c'eft à
vous-même que mon cœur con-
feffe aujourd'hui toutes fes injuftices.
C'eft devant vous qu'il s'accufe, qu'il
s'afflige & qu'il fe condamne ; car

c'eſt contre vous-même qu'il a péché.

O Cœur ſouverainement aimable, mon cœur ne vous a jamais ſincérement aimé, jamais il n'a fait à votre grandeur ſuprême l'hommage entier de ſes affections ; il s'eſt toujours partagé, ce cœur ſi petit, il ne vous a pas uniquement aimé, ô Cœur de mon Dieu ! qui méritez de regner ſouverainement ſur tous les cœurs.

O Cœur infiniment Saint ; que mon cœur vous a indignement traité, que j'ai de regret de ſon ingratitude, & que ſes infidélités me déplaiſent ; vous les voyez & vous les connoiſſez beaucoup mieux que je ne puis les découvrir ; n'eſt-il pas tems que je me réüniſſe à mon principe, & que je retourne à vous pour m'abîmer totalement en vous. Cœur tout brûlant d'amour fondez les glaces de mon cœur, agréez que proſterné devant vous en préſence de tout ce qu'il y a de Saint & d'Auguſte au ciel & en la terre, je vous faſſe une Amende honorable de mes égaremens & de mes déſordres, & que je deteſte tous les outrages, tous les mépris que vous ſouffrez tous les jours de toutes les créatures, & & de moi en particulier, dans le plus adorable de nos Myſtères, & qu'anéanti devant vous, je vous conjure de nous en accorder le pardon ; faites, Cœur débonaire, que mon cœur ne s'éloigne plus de vous, que toutes ſes affections ſoient reglées par les vôtres ; que ſes déſirs, ſes penſées, & ſes actions ſoient conformes aux vôtres, faites enfin qu'il ne vive, qu'il n'agiſſe, qu'il ne reſpire, qu'il ne ſoupire, & qu'il n'ait aucun mouvement que pour vous. Soyez ſon Roi, ſon Epoux, ſon Paſteur, ſon Guide, ſon Ami, ſon Souverain, ſon Eſpérance, & ſa Joie pendant le tems & l'éternité. Ainſi ſoit il.

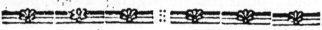

AMENDE HONORABLE
Au Cœur Sacré de Notre-Seigneur J. C.

O Cœur de Jeſus ! Source de grace, & de lumiere, ô fournaiſe d'amour, qui embrâſe tous les bienheureux dans le ciel ! que je me perde en vous, que vos flammes me conſument, que votre zéle me dévore. Cœur Divin, que j'ai été éloigné juſqu'ici de vous étudier, de vous connoître, de vous aimer, de vous imi-

ter! que ne suis e pénétré du respect le plus profond, de la douleur la plus vive, de l'amour le plus
ardent, pour me prosterner en votre
présence, & vous demander pardon
des insultes que vous ont fait les hommes, & que je vous fais moi même;
sur tout dans le Sacrement de votre
Amour. Je vous fais Amende honorable pour tous les infidéles qui ne
vous connoissent pas, pour tous les
hérétiques qui vous blasphêment, pour
tous les mauvais chrétiens qui vous
oublient ; je vous demande miséricorde
pour toutes mes ingratitudes envers
vous, pour ma négligence à m'approcher de vous, pour ma tiédeur dans
mes Communions, pour mon peu de
respect dans vos Temples. O Cœur
qui aimez à pardonner ! rendez-nous
dignes de mériter notre pardon. Pour
éviter la justice de votre Pere, nous
n'avons d'autres ressources que ce
Cœur outragé, & toujours prêt à oublier les plus sanglans outrages. Cœur
aimable ! Cœur misericordieux ! soyez
notre modéle pendant la vie, notre
réfuge à la mort, notre récompense
pendant l'éternité. Ainsi soit-il.

E iij

ACTE D'HOMMAGE
Au Cœur de JESUS.

JE me donne & me confacre tout à
vous, aimable Cœur de Jefus,
dans le Saint Sacrement de l'Autel, en
la préfence duquel je fouhaite d'être
en efprit jour & nuit profterné, pour
faire Amende honorable dans la poftu-
re d'un criminel, & les foupirs dans
le cœur en réparation des outrages que
je vous ai faits, & de ceux que vous
avez reçûs de toutes les créatures. Ah!
que je fouhaiterois que mon cœur,
mon ame & toutes fes puiffances
fuffent des lampes ardentes pour brûler
fans ceffe aux pieds de vos Autels.
Que ne puis-je être reçû au nombre
de ces bienheureux Anges qui vous
environnent, pour vous rendre ici-
bas les mêmes hommages; que ne
puis-je comme eux me tranfporter
dans tous les lieux où vous êtes offert
à votre Pere dans le Sacrifice de la
Meffe; je fouhaiterois pouvoir affifter
à toutes celles qui fe difent & qui fe
diront jufqu'à la fin du monde; je
vous les offre toutes, avec celles qui

ont été célébrées à votre plus grande gloire, & je défire m'unir à votre Sacrifice, & me confacrer à votre divin Cœur pour le tems & pour l'éternité.

Je défire auffi m'unir aux Ames fouffrantes en Purgatoire, & renfermer dans mon cœur autant de défirs de vous recevoir en la Sainte Communion, qu'elles en ont de vous voir dans le ciel. Divin Jefus, je vous conjure d'accepter les ardeurs que j'ai de vous attirer à moi tous les momens de ma vie par une Communion fpirituelle, & de recevoir la volonté que j'ai de renouveller cet Acte autant de fois que je refpirerai, & que mon cœur aura de mouvemens; mais comme je ne fçaurois avoir ce défir fi préfent à caufe de l'infirmité humaine, je vous offre vous-même à vous-même, aimable Jefus, afin que votre divin Cœur vous rende les hommages, les louanges, & l'amour que je vous dois & à votre Pere célefte; je veux l'adorer par vous en efprit & en vérité. C'eft pour ce fujet que je vous dis du profond de mon cœur:

O Verè Adorator & immenfe Dei Amator, miferere nobis.

O vrai Adorateur de Dieu, ô Jefus,

qui aimez votre Pere comme il mérite
d'être aimé, ayez pitié de nous.

ORAISON
DE SAINTE GERTRUDE.

JE vous saluë, Cœur Sacré de Jesus,
source vive & vivifiante de la vie
éternelle, trésor inépuisable de la
Divinité, fournaise ardente du divin
amour, vous êtes le lieu de mon repos, & mon azile, ô mon aimable
Sauveur! embrâsez mon cœur de l'ardent amour dont le vôtre est embrâsé;
répandez dans mon cœur les graces
dont le vôtre est la source; faites que
mon cœur soit tellement uni au vôtre,
que votre volonté soit la mienne, &
que la mienne soit éternellement conforme à la vôtre: oüi, je désire que désormais votre sainte volonté soit la régle de tous mes désirs & de toutes mes
actions. Ainsi soit-il.

OFFRANDE DE SOI-MEME

AU CŒUR DE JESUS,

Par le Pere De la Colombiére, de la Compagnie de JESUS.

O Sacré Cœur de JESUS! qui brû-lez d'amour pour les hommes, quoique vous ne trouviez dans le cœur de ces mêmes hommes que dureté, qu'oubli, que mépris: vous aimez & vous n'êtes point aimé; on ne connoît pas même votre amour, parce qu'on ne daigne pas recevoir les dons par lef-quels vous voudriez le témoigner: pour réparation de tant d'outrages & de fi cruelles ingratitudes, ô très adorable & très aimable Cœur de mon adorable Je-fus! & pour éviter autant qu'il eft en mon pouvoir de tomber dans un fem-blable malheur; je vous offre mon cœur avec tous les mouvemens dont il eft capable; je me donne tout entier à vous, & dès cette heure je protefte très fincérement, ce me femble, que je défire m'oublier moi-même, & tout ce qui peut avoir du rapport avec moi, pour lever l'obftacle qui pourroit m'empêcher l'entrée de ce divin Cœur

E v.

que vous avez la bonté de m'ouvrir,
& où je souhaite vivre & mourir avec
vos plus fidéles Serviteurs, tout pénétré & embrâsé de votre Amour : j'offre
à ce Cœur tout ce que je suis par votre
grace, & tout ce que je serai par son
secours durant tout le cours de ma vie;
non-seulement tout cela sera pour honorer votre Cœur sacré, ô mon Jesus !
mais encore je vous prie très-humblement d'accepter la donation entiére,
que je vous en fais, & d'en disposer à
la maniére qu'il vous plaîra.

Ah ! Cœur sacré de Jesus, apprenez-
moi le parfait oubli de moi-même,
enseignez-moi ce que je dois faire pour
parvenir à la pureté de votre amour ;
je sens en moi une grande volonté de
vous plaire, & une grande impuissance
d'en venir à l'effet sans une grace très-
particuliére, que je ne veux attendre
que de vous; Seigneur, faites en moi
votre volonté ; je m'y oppose, je le
sens bien, soumettez-moi tout à vous;
c'est à vous à tout faire, divin Cœur
de J. C. vous seul aurez la gloire de ma
sanctification, si je deviens saint; ache-
vez donc, Seigneur, votre ouvrage.
Ainsi soit-il.

PRIERE

Pour demander à Dieu la Bénédiction
du très - Saint Sacrement.

Divin Sauveur de nos ames, qui
avez bien voulu laisser votre
précieux Corps & votre précieux Sang
dans le très-Saint Sacrement de l'Autel ; je vous y adore avec un très-pro-
fond respect, je vous remercie très-
humblement de toutes les graces que
vous nous y faites ; & comme vous y
êtes la source de toutes les bénédictions, je vous conjure de les répandre
aujourd'hui sur moi & sur ceux pour
lesquels j'ai intention de vous prier.

Mais afin que rien n'arrête le cours
de ces bénédictions, ôtez de mon cœur
tout ce qui vous déplaît, ô mon Dieu!
pardonnez-moi mes péchés, je les déteste sincérement pour l'amour de vous;
purifiez mon cœur, sanctifiez mon
ame. Bénissez-moi, mon Dieu, d'une
bénédiction semblable à celle que vous
donnâtes à vos Disciples en les quittant
pour monter au ciel. Bénissez-moi,
d'une bénédiction qui me change, qui
me consacre & qui m'unisse parfaite-

E vj

mènt à vous, qui me remplisse de votre esprit & qui me soit dès cette vie
un gage assuré de la bénédiction que
vous préparez à vos Elus; je vous la
demande au Nom du Pere, du Fils &
du Saint-Esprit.

ACTE D'ABANDON,

Tiré des Ecrits de Saint François de Sales.

O Très-doux & amoureux Rédempteur de nos ames, je jette
& abandonne mon ame, mon cœur,
mon esprit, tous mes intérêts, mes
prétentions, mes solicitudes, mes affections dans votre sein paternel pour
le tems & l'éternité, en l'union du
très-saint abandonnement que vous fîtes
de vous même entre les mains de votre Pere sur la croix, lorsque vous lui
dites : mon Pere, je remets mon
esprit entre vos mains. Que j'apprenne
de vous, ô mon Sauveur! en quelqu'événement que ce soit, d'entrer
dans ce saint acquiescement de votre
cœur, puisqu'il vous est si agréable; c'est
dans ce sentiment, ô l'unique espérance de ma vie, que je m'abandon-

ne & délaisse tout moi-même dans le fond de votre aimable Cœur percé d'amour, & mourant pour moi. Qu'il soit fait de moi & en moi selon le bon plaisir de ce divin Cœur, auquel, par lequel & pour lequel je veux vivre & mourir, ainsi & quand il lui plaîra, sans reserve & sans exception quelconque.

O Seigneur ! béniffez mon chétif cœur de vos bénédictions éternelles, faites-le brûler comme un Holocaufte de fuavité en l'honneur de votre pur amour ; qu'il ne cherche aucun autre contentement que le vôtre, ni de confolation que celle d'être parfaitement confacré à votre gloire & divin fervice. O Jefus, foyez à jamais au milieu de mon cœur, & que ce cœur foit à jamais au milieu du vôtre. Ainfi foit il.

ORAISON

Pour le Soir.

DIEU tout-puiffant, Créateur de mon Ame, qui ne m'avez donné la vie, que pour vous fervir, & qui me l'avez confervée jufqu'à pré-

sent, pour me donner le tems de re-
venir de mes égaremens & d'expier
mes péchés , je viens à la fin de
cette journée, adorer votre divine
Majesté , & m'humilier en votre présence, reconnoissant combien je suis
redevable de toutes vos bontés , &
& vous supliant, tout indigne que
je suis de votre miséricorde, de ne
vous point lasser de l'exercer sur moi,
afin qu'après tant d'ingratitudes, je
me rende enfin docile à votre grace,
& que je commence à vous aimer ,
& à vous servir.

Je vous demande, à vous, Seigneur,
qui brisez les cœurs les plus durs, la
grace d'une parfaite contrition , &
autant que je le puis avec le secours
de votre grace, je déteste toutes les
pensées , paroles , actions & omissions
de toute ma vie, & particuliérement
de cette journée, par lesquelles j'ai
désobéi à votre sainte loi , honteux
de manquer si souvent à la fidélité &
à l'obéissance que je vous dois, affligé
de ne rendre que de continuelles offenses à toutes les graces que j'ai reçûës de vous , résolu de me corriger
de tous mes péchés, sur-tout de ceux
que je viens de vous confesser , d'en

quitter les engagemens, d'en éviter les occafions, d'en faire pénitence, & de veiller avec plus de foin fur moi-même : Dieu de miféricorde, daignez recevoir ce fentiment de mon cœur, & cette réfolution de ma volonté, que vous y avez vous-même formée, accordez-moi le pardon de toutes mes offenfes, pour lefquelles je reçois avec foumiffion toutes les peines, afflictions, fouffrances & adverfités, dont il vous plaira me punir. Dieu de patience, ne me rejettez pas de votre préfence, ne m'abandonnez pas à moi-même, ne permettez pas que je meurre dans votre difgrace; augmentez ma foi, hâtez ma converfion, fanctifiez ma vie, foyezmoi propice à ma mort, & me donnez une place parmi vos Elus dans votre Royaume éternel, par le Cœur adorable de Jefus-Chrift, qui vit & regne avec vous dans l'unité de l'Efprit Saint. Ainfi foit-il.

XXXXXXXX::XXXXXXXX

LES LITANIES

DU CŒUR SACRÉ

De Notre - Seigneur JESUS-CHRIST.

SEIGNEUR, ayez pitié de nous.
Jesus - Christ, ayez pitié de nous.
Seigneur, ayez pitié de nous.
Jesus-Christ, écoutez nous.
Jesus-Christ, exaucez-nous.
Pere célefte, qui êtes Dieu, ayez pitié
de nous.
Fils, Rédempteur du monde,
Esprit Saint, qui êtes Dieu,
Trinité Sainte, qui êtes un feul
Dieu,
Cœur de Jesus, Fils du Pere Eternel,
Cœur de Jesus, Fils de la Vierge
Marie,
Cœur de Jesus, Temple du Dieu vi-
vant,
Cœur de Jesus, Sanctuaire du Sei-
gneur,
Cœur de Jesus, Tabernacle du très-
haut,
Cœur de Jesus, maifon de Dieu
& porte du Ciel,
Cœur de Jesus, Siége de la gran-

Ayez pitié de nous.

LES LITANIES
DU CŒUR SACRÉ
De Notre-Seigneur JESUS-CHRIST.

KYRIE eleïſon.
Chriſte eleïſon.
Kyrie eleïſon.
Chriſte audi nos.
Chriſte exaudi nos.
Pater de cœlis Deus, miſerere nobis.
Fili Redemptor mundi Deus,
Spiritus Sancte Deus,
Sancta Trinitas unus Deus,
Cor Jeſu, Fili Patris Æterni,
Cor Jeſu, Fili Virginis Matris,
Cor Jeſu, Templum Dei Sanctum,
Cor Jeſu, Sanctuarium Domini,
Cor Jeſu, Tabernaculum Altiſſimi,
Cor Jeſu, domus Dei & porta Cœli,
Cor Jeſu, Sedes magnitudinis & Majeſtatis Dei,
Cor Jeſu, in quo ſunt omnes theſauri Sapientiæ & ſcientiæ Dei,
Cor Jeſu, in quo habitat omnis plenitudo Divinitatis,
Cor Jeſu, deſiderium collium æternorum, miſerere nobis.

deur & de la Majesté divine,

Cœur de Jesus, dans lequel sont renfermés tous les trésors de la Sagesse & de la science de Dieu,

Cœur de Jesus, dans lequel réside toute la plénitude de la Divinité,

Cœur de Jesus, désir des colines éternelles,

Cœur de Jesus, qui prenez vos délices parmi les lys,

Cœur de Jesus, trésor inépuisable,

Cœur de Je'us, qui répandez vos richesses sur tous ceux qui vous invoquent,

Cœur de Jesus, de la plénitude du quel nous avons tous reçû,

Cœur de Jesus, notre vie & notre résurrection,

Cœur de Jesus, notre paix & notre réconciliation,

Cœur de Jesus, fontaine d'Eau vive qui réjaillit jusques dans la vie éternelle,

Cœur de Jesus, source d'eau vive,

Cœur de Jesus, l'objet des plus tendres complaisances de Dieu,

Cœur de Jesus, Hostie vivante, Sainte & agréable à Dieu,

Cœur de Jesus, Victime de propitiation pour nos péchés,

Ayez pitié de nous.

Ayez pitié de nous.

Cor Jesu, pascens inter lilia,

Cor Jesu, thesaurus numquàm de-
ficiens,

Cor Jesu, dives in omnes qui in-
vocant te,

Cor Jesu, de cujus plenitudine omnes nos accepimus,

Cor Jesu, vita & resurrectio nostra,

Cor Jesu, pax & reconciliatio nostra,

Cor Jesu, fons Aquæ salientis in vitam æternam,

Cor Jesu, puteus aquarum viven-
tium,

Cor Jesu, in quo sibi Pater benè
complacuit,

Cor Jesu, Hostia vivens, Sancta
Deo placens,

Cor Jesu, propitiatio pro peccatis
nostris,

Cor Jesu, amaritudine repletum
propter nos,

Cor Jesu, saturatum opprobriis,

Cor Jesu, attritum propter scelera
nostra,

Cor Jesu, lanceâ perforatum,

Cor Jesu, usque ad mortem Crucis obediens factum,

Cor Jesu, Agni immaculati,

Miserere nobis.

Miserere nobis.

Cœur de Jesus, rempli d'amertume pour nous,

Cœur de Jesus, rassasié d'opprobres,

Cœur de Jesus, brisé de douleurs
pour nos péchés,

Cœur de Jesus, percé d'une lance,

Cœur de Jesus, obéissant jusqu'à
la mort de la Croix,

Cœur de Jesus, l'Agneau sans tache,

Cœur de Jesus, source de toute bénédiction,

Cœur de Jesus, notre consolation
dans cette terre d'exil,

Cœur de Jesus, notre refuge au
jour de l'affliction,

Cœur de Jesus, le salut de ceux
qui espérent en vous,

Cœur de Jesus, l'espérance de ceux
qui meurent en votre grace,

Cœur de Jesus, les délices de tous
les Saints,

Agneau de Dieu, qui ôtez les péchés du
monde, pardonnez-nous, ô Jesus !

Agneau de Dieu, qui ôtez les péchés du
monde, exaucez-nous, ô Jesus !

Agneau de Dieu, qui ôtez les péchés du
monde, ayez pitié de nous, ô Jesus !

℣. Jesus, doux & humble de cœur,

℟. Faites nos cœurs selon votre
Cœur.

Cor Jesu, fons torius consolationis,

Cor Jesu, solatium peregrinantis animæ,

Cor Jesu, refugium nostrum in die tribulationis,

Cor Jesu, salus in te sperantium,

Cor Jesu, spes in te morientium,

Cor Jesu, deliciæ Sanctorum,

Agnus Dei, qui tollis peccata mundi, parce nobis, Jesu!

Agnus Dei, qui tollis peccata mundi, exaudi nos, Jesu!

Agnus Dei, qui tollis peccata mundi, miserere nobis, Jesu!

℣. Jesu, mitis & humilis corde,

℟. Fac cor nostrum secundùm Cor tuum.

Miserere nobis.

OREMUS.

REspice, quæsumus misericordissime Deus, in cor delictissimi Filii tui in quo tibi benè complacuisti : ejus que sacratissimi cordis mœroribus quos nostrâ causâ pertulit, & dignis satisfactionibus quas pro nobis tibi persolvit, placatus; concede corde contrito petentibus, nostrorum nobis veniam peccatorum; & tanto Christi amore cor nostrum accende, ut ipsius divini cordis affectibus toti incensi, secundùm cor tuum inveniri mereamur; Per eumdem Dominum nostrum, &c.

ORAISON.

O Dieu infiniment miféricordieux! regardez le Cœur de votre Fils bien-aimé, en qui vous avez mis toutes vos complaifances: láiffez-vous toucher par la douleur dont fon Cœur facré a été brifé pour nos péchés, & par les infinies fatisfactions qu'il vous a offert pour nous; accordez-nous le pardon de nos péchés que nous vous demandons avec un cœur contrit: embrâfez-nous d'un fi grand amour pour J. C. qu'étant tout pénétrés des affections de fon divin Cœur, nous mériions d'être trouvés felon votre Cœur; Par le même J. C. N. S. qui vit & régne avec vous en l'unité du Saint-Efprit, dans les fiécles des fiécles. Ainfi foit-il.

MEDITATIONS,
POUR LA DEVOTION
AU CŒUR DE JESUS.

PREMIERE MEDITATION.
Pour la Fête du Cœur de JESUS.

I. JESUS - CHRIST a aimé les pécheurs jusqu'à verser son Sang, afin de leur procurer le Salut éternel : & s'offrant pour être la victime des péchés du monde , il a prévû que la plus grande partie des pécheurs ne voudroit pas profiter des graces du salut éternel qu'il leur méritoit. Voilà ce qui a causé à son Cœur une Passion mille fois plus douloureuse , que celle dont les Bourreaux ont été les barbares instrumens. L'indifférence pour le Salut éternel ; mon indifférence pour le Salut éternel , que mon Dieu veut sincérement me procurer , ma résistance à tant de graces , mon attachement au péché , tout cela présent à l'Esprit de Jesus-Christ au jardin des Olives, l'a accablé de douleur , & lui a fait verser des larmes de Sang..... O Jesus-Chrift, que je mêle au moins mes larmes avec le Sang précieux qui coule de toutes les parties de votre Corps.

II. L'Amour de Jefus Chrift, l'a engagé à être avec nous jufqu'à la confommation des fiécles dans le Sacrement des Autels ; mais où eft la reconnoiffance pour un fi grand bienfait ? où eft l'empreffement pour adorer Jéfus Chrift ? où eft l'ardeur pour le recevoir dans la Communion ? Quand tous les hommes ne feroient occupés qu'à honorer Jefus-Chrift dans l'Euchariftie, l'amour du Sauveur feroit-il affez payé ? & prefque tous les hommes outragent Jefus-Chrift dans l'Euchariftie. Quel éloignement des faints Myftères !... Que d'irrévérences jufqu'aux pieds des Autels !.... Que de facriléges dans la Communion ! O Dieu d'amour, puis-je être infenfible à tant d'ingratitude ?... Puis-je vivre en penfant que je fuis coupable de tant d'outrages envers le Sacrement de l'Amour de mon Dieu ?

Saint François de Sales parle d'un Gentil homme, qui après avoir vifité les endroits de la Terre Sainte, que Jefus-

Jesus-Christ a confacrés par les différens myftères de notre redemption,
s'écria: ô mon Dieu, qui m'avez
tant aimé! pourquoi vous aimé-je fi
peu? pourquoi viverois-je encore?..
Pour vous voir offenfer par tant de
pécheurs.... Pour vous offenfer moi-
même.... Ah! brifez plûtôt les liens
qui attachent mon ame à ce corps de
péché. Et dans ces tranfports du divin Amour il expira. Mort fainte,
mort précieufe! Mon Dieu, faites-
moi la grace de vivre & de mourir
dans l'exercice de votre amour.

Examinez comment vous pourrez
témoigner votre amour à J. C. pour
réparer les outrages faits à fon Cœur
adorable par l'infenfibilité & l'ingratitude des hommes.

Si quis non amat Dominum Jefum,
fit Anathema, 1. Cor. 6.

Si quelqu'un n'aime pas le Seigneur
Jefus, qu'il foit Anathême.

Quis illud Cor tàm vulneratum non dili-
gat? Quis tàm amans non redamet? Bern.

Qui eft-ce qui fera affez infenfible
pour ne pas fouffrir, à la vûë des
outrages faits au Cœur de Jefus-Chrift?
qui eft-ce qui n'aimera pas ce Cœur
divin, qui nous aime fi ardement?

F

SECONDE MEDITATION.

Amour du Cœur de Jesus pour les
Pécheurs.

I. JEsus - Christ eſt mort ſur la
Croix, pour arrêter la Juſtice
Divine prête à frapper les pécheurs:
Car c'eſt juſques à cet excès qu'il a ai-
mé le Monde. Et par un nouveau
prodige d'Amour auſſi incompréhenſible que le premier, il renouvelle
tous les jours dans l'Euchariſtie le
Sacrifice de ſa mort en faveur de ces
mêmes pécheurs. Un Dieu mourir &
s'immoler tous les jours pour ſes ennemis, pour rendre participans de
ſes mérites, ceux qui l'outragent: ô
que votre Miséricorde eſt grande! O
pécheurs! n'aimerez vous pas enfin
celui qui vous aime ſi ardemment?
O mon Jeſus! c'eſt moi qui ſuis ce
pécheur qui vous eſt ſi cher..... Jeſus
pouvoit-il en faire davantage pour
me témoigner ſon Amour? que ferai-
je pour lui témoigner ma reconnoiſſance.

II. Si l'on veut entrer dans les ſentimens de Jeſus-Chriſt pour les Pé-

cheurs, on peut s'offrir pour être
comme lui la victime des péchés qui
se commettent. Que je serois heureux
si je pouvois contribuer à ce que le
Nom du Seigneur ne fût plus blaf-
phémé, que sa Religion ne fût plus
méprisée, que ses volontés ne fussent
plus transgressées ! Que je serois heureux, si je pouvois arrêter le débor-
dement de crimes qui innondent l'univers, & arracher à l'enfer tant de
pécheurs qui se font un jeu de s'y
précipiter ! Mon Dieu, je m'offre à
souffrir pour cela tout ce qu'il vous plaîra m'envoyer de peines, d'amertume,
d'opprobres, d'ignominie, la mort
même si vous l'agréez.... Dans cette
vûë de sauver les pécheurs, que n'a-
vez-vous pas souffert, ô mon Jesus!
& que d'outrages ne souffrez - vous
pas encore tous les jours dans l'Eucharistie ! *O Agneau qui ôtez les péchés
du Monde*, je m'offre à souffrir avec
vous, & dans la même vûë que
vous.

Saint Paul s'est offert à être ana-
thême pour le salut de ses Freres.
C'étoit la pratique de la fervente
Religieuse de la Visitation, dont
Dieu s'est servi pour établir la dévo-

tion au Cœur de Jésus : au moins faisons tous les jours quelques Prieres,
ou quelques bonnes œuvres , pour
obtenir la conversion de tous les cœurs
endurcis.

Sic enim Deus dilexit Mundum.
Joan. 3.

Car c'est ainsi que Dieu a aimé le
Monde.

Ipse est propitiatio pro peccatis nostris ;
non pro nostris autem tantùm , sed etiam
pro totius Mondi , 1. Joan. 2.

Car Jésus Christ est la victime de
propitiation pour nos péchés , &
non seulement pour les nôtres , mais
encore pour ceux de tout le Monde.

TROISIE ME MEDITATION.
Union avec le Cœur de Jésus.

I. QU'a fait Jésus Christ depuis
le premier instant de l'Incarnation jusqu'à son dernier soupir sur
la Croix ? il s'est offert en Sacrifice
pour la gloire de son Pere & le Salut des hommes.... Que fait-il encore
dans l'Euchatistie ? il y est en état de
victime , priant pour nous , & s'im-
molant continuellement pour honorer
la Souveraine Majesté de Dieu. ....

O qu'il eſt grand ! ô qu'il eſt digne d'être adoré cet Etre Suprême , à la gloire duquel ſe ſacrifie ſans ceſſe ce-lui, dont le nom ſeul fait tout trembler dans le Ciel , ſur la terre & dans les enfers!.... Dieu, quelqu'irrité qu'il ſoit à cauſe de mes péchés , Dieu peut-il me refuſer ce que ſon Fils lui demande pour moi ? .. Je me tiendrai devant Jeſus-Chriſt, le conſiderant qui adore pour moi, qui prie pour moi, & j'apprendrai ce que je dois penſer & eſpérer de Dieu.

II. Dieu voyant ſon Fils en état de victime, qui lui rend un culte d'un mérite infini, daignera t'il jetter les yeux ſur les foibles hommages que je lui rendrai moi ver de terre? oui: ſi mes hommages ſont unis à ceux de Jeſus Chriſt. J'entrerai donc dans le Cœur de Jeſus ; c'eſt à ma place & à cauſe de l'impuiſſance où je ſuis de prier & d'adorer comme il faut, que Jeſus adore & prie ſans ceſſe ſon Pere. Un inſtant de l'adoration & de la priére inéffable de Jeſus-Chriſt, rend plus de gloire à Dieu, que les hommages éternels de toutes les créaures : & je puis entrer en participaion de tous les hommages rendus à

Dieu par ce Divin Sauveur. O Source abondante de mérites! j'y veux puiser tous les inſtans de ma vie.

III. Que je me croirois heureux, ſi un Ange adoroit Dieu, & le prioit ſans ceſſe pour moi! Quel avantage pour mon ſalut, ſi j'entrois en ſociété de mérite avec quelque ame fervente, qui ne reſpirât que le divin Amour! & ſi je veux, j'ai part aux mérites du Saint des Saints. Et ſi je veux, j'entre en ſociété de priéres & d'adoration avec Jeſus-Chriſt; je n'ai qu'à entrer dans le Cœur de Jeſus, & dans tous mes exercices de piété, m'unir d'eſprit, de ſentiment, d'intention avec Jeſus-Chriſt.

PRATIQUE.

Faire toutes ſes Prieres & tous les exercices de la Religion, en union avec Jeſus-Chriſt.

Semper vivens ad interpellandum pro nobis. Ad Hebreos 7.

Jeſus-Chriſt eſt toujours vivant, afin d'intercéder pour nous.

Vides humanitatem, non enim dicit in humilitate conſtitutum duntaxat iſtud adeptum, ſed ſemper.... interpellare pro nobis. Chryſoſtomus.

Voyez la miſéricorde du Sauveur:

L'Apôtre ne dit pas, que Jeſus-Chriſt a prié pour nous, étant dans les abaiſſemens de ſa vie mortelle.... mais qu'il prie toujours pour nous.

Ad hoc Templum (Cor JESU) ad hanc Arcam Teſtamenti adorabo & laudabo nomen Domini. Bernardus.

J'entrerai dans le Cœur de Jeſus, comme dans un Sanctuaire, & auprès de cette Arche de la nouvelle Alliance, j'adorerai & je louërai le Nom du Seigneur.

QUATRIEME MÉDITATION.

Pénitence du Cœur de Jeſus.

QUelle eſt incompréhenſible la douleur de Jeſus - Chriſt, pour tous les péchés du monde ! ſon Ame eſt triſte juſques à la mort. Son Cœur nage dans un océan d'amertume ; il ſue du Sang. Chargé qu'il eſt de nos iniquités, connoiſſant toute la malice que renferme le péché, il eſt ſi accablé du poids de la douleur que lui cauſe tant de crimes, que ſans un Miracle, il expireroit ſur le champ.... Voilà ce qu'a coûté

F iv

à mon Dieu la satisfaction que je me procure en péchant, & je péche-rois encore ?.... Jesus-Christ s'offre à souffrir tout ce que l'on peut se figurer de plus horrible, pour expier les péchés du monde. Que puis-je faire , moi, pour effacer les miens ?

II. Si le péché mérite d'être détesté comme Jesus-Christ l'a detesté : c'est à dire , si sa contrition doit être le modéle de la mienne ; où en suis-je ? Lé Cœur de Jesus, est brisé de dou-leur , & le mien est tranquile... Le trouble, la crainte, l'ennui, la con-fusion saisissent l'Ame de mon Sau-veur ; il se regarde comme un cri-minel, qui n'ose levér les yeux vers le Ciel, parce qu'il est la caution de mes péchés : & moi qui les ai com-mis , ces horribles péchés , quels sen-timens dois je donc prendre ? O mon Jesus ! que la douleur de votre cœur passe dans le mien pour l'humilier, & le briser à la vûë de toutes ses in-fidélités !

III. Dans l'impuissance où je suis de détester mes péchés comme a fait Jesus-Christ, je m'unis à la douleur qu'il en a conçûe : le Sang de mon Sauveur va me laver , sa contrition supléera au défaut de la mienne. Toutes les richesses du Cœur de votre Fils m'appartiennent, ô Pere céleste, je me présenterai donc au Tribunal de la Pénitence, en vous offrant les dispositions du Cœur de Jesus pénitent. Pouvez vous rien exiger de plus que la douleur immense, dont ce Cœur adorable a été pénétré à la vûë de mes péchés ?

Un pénitent expira de douleur aux pieds de Saint Vincent Ferrier, ... avoit il plus péché que moi ?

Magna est velut Mare contritio tua. La*mentatio 2.*

Votre douleur est sans bornes.

Advocatus noster ad Patrem in cordibus noftris : Dominus noster in Corde Patris. Bernardus.

Jesus-Chrift eft notre Avocat, pour former dans nos cœurs les vœux que nous devons pouffer vers le Ciel: dans le Cœur de fon Pere il eft toutpuiffant pour nous exaucer.

CINQUIEME MEDITATION.
De la Communion.

1. QUel tréfor l'Ame jufte ne trouve-t'elle pas dans la fainté Communion ? Etre aux pieds de J. C.

F v

comme Madeleine : le tenir entre ſes bras, comme a fait Siméon : l'écouter comme les Apôtres eurent le bonheur de l'entendre : quelle ſource de grace ! Et dans la Communion je reçois ce Divin Sauveur : je l'ai au-dedans de moi, il demeure dans mon cœur : ſi j'ai de la foi, dois-je envier le ſort des bienheureux ? en communiant je poſſéde *celui que les Anges déſirent de connoître toujours davantage.*

II. Quand J. C. eſt en moi par la Communion, comment Dieu me regarde-t'il ? uni que je ſuis alors avec le Fils de Dieu, le Pere céleſte me chérit; parce que je ſuis incorporé avec celui, en qui il a mis ſes complaiſances. Quand je communie chrétiennement, je ſuis ſûr qu'en vertu de la Communion, j'ai la charité dans un plus haut dégré, c'eſt-à-dire, que Dieu m'aime davantage, & que j'aime davantage mon Dieu. O Cœur de Jeſus ! ô fournaiſe d'Amour ! qui uniſſez ainſi par les liens de l'Amour Dieu & l'ame chrétienne, puis-je être ſans empreſſement de m'approcher de vous ?

III. Jeſus-Chriſt dans la Communion nous accorde, ce que les premiers hommes déſirérent follement.

Mangez de ce fruit, dit l'Ange de ténébres, *& vous deviendrez des Dieux* :
il promettoit ce qu'il ne pouvoit donner; mais le Sauveur nous promet de
nous donner part à sa vie, à son esprit,
à sa Divinité; il nous transforme en
lui: en demeurant en nous, il nous fait
des Dieux. *Dedit ut simus Dii, dùm ma-*
net ipse in nobis. Ne pas croire aux promesses du Sauveur, seroit-ce un moin-
dre crime, que de croire à celles du
démon ?

Les premiers chrétiens commu-
nioient tous les jours, & par-là ils par-
vinrent à ressembler si fort à J. C. qu'on
les appelloit d'autres J. C. *Christianus*
alter Christus. Dilectus meus mihi, & ego
illi. Cant. 2. Mon bien aimé est à moi
& je suis à lui.

Hunc cibum plus manducat qui plus amat:
    & rursùm qui plus & plus manducat
    plus amat. Anselmus.

Celui qui aime davantage, mange plus
    souvent cette Chair adorable : & ce-
    lui qui la mange plus souvent, ai-
    me encore davantage.

Quod non habebat (Dæmon) mendaciter
    promisit, eritis, inquiens, sicut Dii. Is-
    te (Christus) quod habebat, quod sem-
    per naturaliter habet, fideliter dedit, ut

simus Dii, dùm manet ipse in nobis.
Rupertus.

Le démon a promis ce qu'il ne pouvoit donner, en disant : vous serez comme des Dieux. J. C. nous accorde ce qu'il a , & ce qu'il a par nature, il nous fait des Dieux, en demeurant dans nous.

SIXIEME MEDITATION.
Préparation à la Communion.

I. QUel horrible sacrilége, de communier en péché mortel ! c'est manger son propre jugement, c'est renouveller le crime de Judàs. Mon Dieu ! ne suis je pas coupable de cet attentat sur votre Chair adorable ? & si cela est, peut-il y avoir assez de feu en enfer pour me punir, si je ne fais pas pénitence..... La Dévotion au Cœur de Jesus, a pour fin de réparer les outrages que font à J. C. les Communions indignes. Puissent toutes les ames ferventes multiplier saintement leurs Communions dans cette vûë. Pour m'unir à elles, que dois-je faire? il faut me mettre dans la disposition où je voudrois être, si je devois mourir immédiatement après avoir communié. Il faut détester tout péché mor-

tel, me confeſſer de tous ceux que ma
conſcience me reproche, & être déterminé à plûtôt perdre les biens, la vie,
la réputation, que d'en commettre un
ſeul. O mon Dieu! donnez-moi plutôt
le coup de la mort, que de permettre
que je communie en péché mortel.

II. La fréquente Communion demande des diſpoſitions plus parfaites :
Ame fidele, ornez autant qu'il eſt en
vous la robe nuptiale que vous devez
porter au ſacré Banquet. 1°. Faites toutes vos actions dans la vûë de bien
communier. Dans la Religion tout ſe
rapporte à l'Euchariſtie; pourquoi dans
la vie chrétienne tous les inſtans qui la
compoſent, ne ſe rapporteroient-ils
pas à la Communion? à chaque moment il faudroit être prêt à mourir; à
chaque moment, tâchez d'être en état
de recevoir le divin Sacrement, qui
eſt le gage d'une bonne mort. 2°. Evi-
tez avec ſoin les plus légéres fautes.
Quoi! J. C. ſe donne à vous, & la
veille & le jour qu'il vous fait ce don
ineſtimable, vous feriez de propos dé-
libéré ce que vous ſçavez bien qui lui
déplaît? 3°. Déſirez d'avancer dans la
perfection de votre état, la Communion vous fortifiera pour accomplir

tous vos devoirs, à proportion que
vous défirerez d'y trouver la force dont
vous avez befoin : marquez ce défir en
remportant des victoires fur vous-même, & faifant des Actes des vertus op-
pofées aux fautes qui vous font plus ordinaires. 4o. Offrez votre ame à J. C.
pour qu'il la purifie & la rempliffe de
fon divin Amour ; votre Jefus va vous
donner fon Cœur avec toutes fes ri-
cheffes, & il veut que vous lui préfen-
tiez le vôtre avec toutes fes affections.
Il vient en vous pour regner abfolument fur vous, il fe donne à vous,
mais il vous demande votre cœur.

Un Vice-Roi d'Arragon qui com-
munioit tous les Dimanches, em-
ployoit les trois derniers jours de la femaine à fe préparer à la Communion,
de la façon qu'on vient de dire, & les
trois jours qui fuivoient la Communion, il les occupoit à l'action de grace, qu'il faifoit fur-tout confifter à
bien remplir fes devoirs.

Præbe, fili mi, cor tuum mihi. Prov. 23.
Mon cher fils, donnez-moi votre cœur.
Sic vive, ut quotidie merearis accipere.
· Auguftinus.
Vivez de forte, que vous puiffiez com-
munier tous les jours.

SEPTIEME MEDITATION.

Action de grace après la Communion.

Après les Actes ordinaires, on peut s'occu-
per le jour de la Communion & les
jours suivans de ces Pensées :

I. J'AI communié : j'ai reçu celui qui a guéri les malades, ressuscité les morts, converti les pécheurs, sanctifié les ames. Mon Dieu ! sanctifiez mon ame, convertissez mon cœur, guérissez-moi de tous mes péchés : que je ne vive plus que pour vous. La seule présence de J. C. fit d'un publicain un grand Saint. Zachée ne possède J. C. dans sa maison que quelques instans, & voilà que par reconnoissance il donne la moitié de ses biens aux pauvres, il répare toutes ses injustices, il se consacre entiérement à Dieu. Quoi, Seigneur ! votre présence dont je suis si souvent honoré, ne produiroit rien dans mon cœur ? Parlez, je suis prêt à tout. Daignez seulement me faire connoître votre sainte volonté... Ah ! si je vous refusois ce que vous demandez de moi, vous vous éloigneriez : & que deviendrois-je, ô Dieu d'amour ! Avec vous je suis assez riche; sans vous je suis dans la plus affreuse indigence : non, Seigneur, je ne vous laisserai point aller, & pour vous retenir, je ne négligerai aucun de mes devoirs.

II. J'ai communié: j'ai mangé le Pain des Anges, il faut donc mener une vie Angélique. ... J'ai communié: j'ai en moi celui que Marie, la Reine des Anges, a porté dans son chaste sein: ô quelle pureté n'a pas dû avoir la sainte Vierge, pour être le Sanctuaire, où le Saint des Saints a daigné reposer ? Ah, grand Dieu! si je souillois mon cœur qui est devenu votre temple, je mériterois les plus affreux châtimens... Objets créés, ne venez plus occuper mon cœur. Mon Dieu, repose en moi, je n'ai plus rien à désirer, pourvû que ce Dieu d'Amour ne m'abandonne pas; & il ne m'abandonnera point si je lui suis fidéle, si je ne l'offense plus. Ah, plutôt mourir que de vous offenser.... plutôt tout perdre que de vous perdre, le bien aimé de mon cœur !

III. J'ai communié: J. C. est en moi pour me communiquer une vie nouvelle. Dans l'Incarnation, le Verbe, par l'union hypostatique, a fait vivre l'humanité sainte de la vie même de Dieu : dans la Communion, qui, felon les Saints, eft l'extenfion de l'incarnation ; J. C. veut faire vivre l'Ame chrétienne de la vie de l'Homme-Dieu. Mais pour cela, il ne faut point mettre d'obftacles aux divines opérations de mon Jefus. Qu'eft-ce qui m'a empêché jufqu'ici de vivre de la vie de J. C. Il faut que pour la fuite la vie de J. C. fe manifefte dans ma conduite, que J. C. vive en moi par la mortification des fens, le renoncement de moi-même, la tendre charité pour le prochain, l'amour de mes ennemis ; & d'où vient que toutes mes Communions n'ont pas encore mis dans moi tous ces traits de reffemblance avec vous ? ô Cœur de Jefus ! mettez le comble à votre Amour ; je fuis uni à vous de la façon la plus intime, que j'y fois uni de penfées, de vœux, de fentimens, de défirs, d'affections ; que je ne défire que la gloire de votre Pere, que j'aime l'humiliation & le mépris, que je ne vive que pour vous, comme vous ne vivez que pour votre Pere.

Inveni quem diligit anima mea : tenui eum, nec dimittam. Cantic. 3.

J'ai trouvé celui que j'aime, je l'ai attaché à mon cœur : je ne le laifferai point aller.

Ut & vita Chrifti manifeftetur in corpo-
ribus noftris. 2. Corint. 4.

Afin que la vie de J. C. fe manifefte
même dans notre corps.

Tu mutaberis in me. Auguftinus.

Par la Communion vous ferez changé
en Jefus-Chrift.

HUITIEME MEDITATION.

DE LA MESSE.

La Meffe eft le renouvellement du Sacrifi-
ce de la Croix ; affiftez y , comme vous
voudriez avoir affifté a la Paffion du
Sauveur.

I. COnfidérez J. C. au jardin des
Olives, demandant pardon
pour nos péchés , & s'offrant à mourir
pour expier nos péchés : en conféquence de ce qu'il eft la victime volontaire
de nos péchés, il n'y a aucune partie
de fon Cœur, aucune puiffance de fon
Ame, qui n'éprouve quelque peine
particuliére.

A la vûë de l'Agneau fans tache ,
qui détefte & expie ainfi nos iniquités,
déteftez & prenez la réfolution d'expier
& d'éviter les fautes que vous commet-
tez plus fouvent.

II. Quand le Prêtre offre le Pain &
le Vin, qui doivent être changés au
Corps & au Sang de J. C. offrez votre
cœur, pour que Dieu le change en un
cœur nouveau, & qu'il le remplisse de
son Amour. Le tems de la Messe est un
tems de prodiges : celui qui d'une parole détruit la substance du Pain & du
Vin, & produit le Corps & le Sang de
J. C. ne peut-il pas détruire toutes les
affections vicieuses de votre cœur ; &
mettre à leur place les vertus que vous
devez pratiquer ? Il opére le premier
Miracle, dans la vûe de produire le second : demandez-le ce second Miracle
avec une vive confiance.

III. On leve l'Hostie & le Calice :
adorez votre Dieu ; votre Juge : unis-
sez-vous aux Anges, qui descendent
du ciel pour l'adorer. Ou bien comme si vous étiez au Calvaire au pied
de la Croix, prenez les sentimens
de Madeleine & du Disciple bien-
aimé : au moins comme le bon larron, dites alors à Jesus-Christ : mon
Sauveur, souvenez-vous de moi au
moment de ma mort.

IV. Si vous ne communiez pas
réellement, faites-le en esprit ; que
ne puis-je, ô mon Dieu ! communier

facramentellement tous les jours à la Meffe que j'entend, felon le défir de votre Eglife ; défir qui eft felon celui de votre cœur. Il n'y a que votre préfence, ô mon Dieu! qui puiffe fanctifier mon cœur, & le rendre digne de vous. Donnez-moi les graces dont j'ai befoin pour vous recevoir au plûtôt.

In omni loco facrificatur & offertur nomini meo oblatio munda. Malach. 1.
On me facrifie en tout lieu une victime pure & fainte.

Optaret quidem Sacro-Sancta Synodus, ut in fingulis Miffis fideles adftantes, non folum fpirituali affectu, fed Sacramentali etiam Euchariftiæ perceptione communicarent. Concil. Trid. Sef. 22. cap. 6.

Le Saint Concile défireroit qu'à chaque Meffe, les fidéles qui y affiftent communiaffent, non feulement en défir ; mais par la participation facramentelle de l'Euchariftie.

NEUVIEME MEDITATION.
Douceur du Cœur de Jefus.

I. APprenons de Jefus-Chrift à pratiquer une douceur inaltérable : C'eft en cela qu'il veut être

notre modéle. Quelle condefcendance pour fes Apôtres ? Comment s'eft-
il accommodé à leur humeur, tout
imparfaits qu'ils étoient ? que d'égards
n'a-t-il pas eu pour les pécheurs qui
font venus à lui ? qu'a-t-il fait, qu'a-
t'il dit quand on l'a infulté, quand
on l'a blafphêmé fur la Croix ? encore à préfent fur le trône de fon
amour, ne pourroit-il pas écrafer ceux
qui l'outragent, & il ne détourne
pas le vifage pour éviter les opprobres, qui viennent fondre fur lui :
O excès de malice de la part des
hommes, qui outragent ainfi mon
Divin Sauveur ! O excès bien plus
grand de douceur dans mon Jefus,
qui ne fe pleint pas des attentats,
qu'on ne ceffe de commettre contre
lui !

II. A l'exemple du Sauveur, il faut
être doux à l'égard de tout le monde. 1º. Doux envers ceux dont les
défauts nous choquent. N'en avons-
nous pas de plus choquans qu'eux ?
malgré nos défauts, Jefus-Chrift, ne
nous fupporte-t'il pas avec bonté ? 2º. Doux à l'égard de ceux qui
cherchent à nous faire de la peine.
A-t-on pour nous contrifter, a-t-on

rien fait qui approche, ou de ce que l'on a fait à Jesus-Christ pendant sa passion, ou de ce que nous faisons tous les jours contre Jesus-Christ? 3°. Doux à l'égard des plus grands pécheurs. L'indignation d'un zèle amer contre les méchans ne remedie à rien, & produit de grandes fautes. La douceur d'un cœur chrétien, qui prie pour les pécheurs, & qui, en satisfaction des péchés qui se commettent, offre les mérites de Jesus-Christ; cette douceur, dis-je, obtient souvent la conversion des coupables, & produit toujours la paix, compagne inséparable d'un zèle dirigé par la douceur.

III. Ne vous excusez pas de pratiquer la douceur, sur ce que votre tempérament y est trop opposé. Dieu ordonne d'être doux : il est donc possible de l'être. Sa grace rend tout aisé : des caractères vifs & emportés sont venu à bout, avec le secours du ciel, de se réformer. Saint François de Sales, qui étoit porté à la colére, a été le plus doux des hommes : Comment s'y est-il pris pour devenir une copie si parfaite de la douceur de son Divin Maître ?....

Diſcite à me , quia mitis ſum & humilis Corde. Matt. 11.

Apprenez de moi que je ſuis doux & humble de Cœur.

Quamdiu oves fuerimus vincimus : etiam ſi mille circumſtent lupi, ſuperamus & victores ſumus. Chriſoſtomus.

Tandis que nous ſerons doux comme des brebis , nous ſerons victorieux: fuſſions-nous au milieu des loups, la douceur de Jeſus-Chriſt nous fera remporter la victoire.

DIXIEME MEDITATION.

Obeiſſance du Cœur de Jeſus.

I. JESUS-CHRIST , pendant trente ans a obéi à Marie & à Joſeph. Un Dieu obéir à une pauvre femme, & à un ſimple Artiſan..... Sur la Croix il a obéi à ſes propres bourreaux : il a été obéiſſant juſques au dernier ſoupir.... A préſent ſur l'Autel il obéit à la voix des Prêtres depuis plus de dix ſept cens ans ! Ah qu'il s'eſt trouvé de Prêtres indignes du Sacré Miniſtère ! & cependant toutes les fois qu'ils ont conſacré, J. C. s'eſt trouvé ſur l'Autel. *Dieu ſe ren-*

dant ainſi obéiſſant à la voix de l'homme.

II. Quel avantage d'obéir comme Jeſus-Chriſt! C'eſt par votre obéiſſance, Divin Sauveur, que vous avez racheté le Monde, perdu par la deſobéiſſance d'Adam : Ce ſera en imitant votre obéiſſance, que j'aurai ſinguliérement part à la rédemption. En obéiſſant à ceux qui ont autorité pour me commander, je ſuis ſûr de faire la volonté de Dieu : en déſobéiſſant je réſiſte à l'ordre de Dieu. *Tout eſt aſſuré en l'obéiſſance ; tout eſt ſuſpect hors de l'obéiſſance*, diſoit Saint François de Sales. Faiſons de cette maxime la régle conſtante de notre conduite.

III. J'obéirai donc à l'Egliſe, qui a reçu de Jeſus-Chriſt l'autorité, pour me conduire dans tout ce qui concerne la Religion : en lui déſobéiſſant je devrois craindre *d'être traité comme un payen & un publicain.* J'obéirai à ceux, que Dieu m'a donnés pour ſupérieurs : je reſpecterai leur autorité, comme émanée de celle de Dieu. Comment obéirois-je à Jeſus-Chriſt, ſi je le voyois, ſi je l'entendois? mes ſupérieurs tiennent ſa place, & parlent en ſon nom.

Sicut

Sicut enim per inobedientiam unis homi-
nis peccatores constituti sunt multi,
ità & per unius obeditionem justi con-
stituentur multi. Rom. 5.

Comme par la désobéissance d'un
seul, plusieurs sont devenus pécheurs ; ainsi plusieurs seront rendus justes par l'obéissance d'un
seul.

Eligens magis animam ponere, quàm obe-
dientiam non implere. Bernardus.

Jesus - Christ aima mieux cesser de
vivre, que de cesser d'obéir.

ONZIEME MEDITATION.

Honorer le Cœur de Jesus, pour obtenir une bonne mort.

I. IL arrivera ce jour décisif, qui doit
être le dernier de ma vie : il
arrivera ce terrible moment où j'entrerai dans l'éternité : que devien-
drai-je alors ? Serai-je placé avec les
Saints pour vous voir, vous aimer,
vous bénir, ô Dieu des Miséricordes ?
ou bien me réprouverez-vous, ô Dieu
vengeur, en me donnant votre malé-
diction ? Je sçai que j'ai mérité
l'enfer ; mais je sçai que vous êtes
mort pour m'en délivrer, ô Divin Sau-

G

veur ! Je ſçai que je n'ai aucun mérite pour le ciel ; mais vous m'offrez
tous les tréſors de votre cœur... Soyez
ma reſſource à la mort... ·

II. La dévotion au Cœur de Jeſus
nous procurera une mort douce &
précieuſe devant Dieu. C'eſt la mort
de Jeſus-Chriſt, qui a ôté à la mort
ſa force & ſon amertume : étudions
bien les ſentimens de Jeſus - Chriſt
ſur la Croix. Quelle ſoumiſſion aux
ordres de ſon Pere ! quelle ardeur à
ſe ſacrifier pour expier nos péchés !
quel zèle dans la priére qu'il fait pour
les pécheurs ! En pardonnant à un
criminel qui expire, ne donne - t - il
pas un gage aſſuré qu'il pardonnera à
tous ceux qui lui demanderont pardon avec confiance ? O mon Dieu !
pardonnez-moi , comme vous avez
pardonné au bon Larron : ô qu'il
fut heureux d'entendre avant que de
mourir ces conſolantes paroles : *vous*
ſerez aujourd'hui avec moi en Paradis !

III. A côté de la Croix de J. C.
j'eſpererois une mort heureuſe : mais
ayant Jeſus - Chriſt dans moi, ma
confiance doit redoubler. Non, Dieu,
tout inéxorable qu'eſt ſa Juſtice, ne
peut réprouver un chrétien uni, in-

corporé à Jesus-Christ par une bonne Communion. La Chair du Fils de
Dieu est le gage de la vie éternelle.
Aurai-je le bonheur de la recevoir
en viatique, cette Chair adorable?
au moins je la recevrai souvent, dans
les mêmes dispositions que je voudrois avoir communié, si immédiatement après je devois mourir.

PRATIQUE.

Communier les premiers Vendredis
du Mois pendant neuf Mois de suite,
pour honorer le Cœur de Jesus, &
pour obtenir une bonne mort : & ces
jours-là faire ce que l'on voudroit faire
le jour de sa mort.

*Pater, in manus tuas commendo spiritum
meum.* Luc. 23.

Mon Pere, je remets mon esprit entre
vos mains.

*Quantâ putas animam frui dulcedine,
quæ per hæc foramina conjungitur Corde
Christi : ecce aperta est Janua Paradisi.*
Bonaventura.

Quelle douceur pour une Ame, d'entrer par l'ouverture du Côté de J. C.
& de s'unir à son Cœur! c'est là
qu'est la porte du Paradis.

DOUZIE'ME MEDITATION.
Cœur de Marie.

I. CŒUR de la Sainte Vierge, cœur le plus pur : Dès le premier inftant de fa conception, elle a été pleine de grace ; ainfi la prépariez-vous, ô mon Dieu, à êrre le Sanctuaire, où devoit repofer le Cœur de votre Fils : jamais elle n'a commis la plus légere faute ; c'eft un article de foi. Quel attachement d'ailleurs pour la pureté ! elle l'eût préférée à la Maternité divine, fi la Matérité divine eût été incompatible avec la plus inviolable pureté. Quel Amour pour Dieu ! dès le premier inftant de fa vie, elle a plus aimé Dieu, que tous les Anges enfemble, & pendant toute fa vie, elle n'a fait que croître en amour. O Marie ! Dieu vous aime à proportion de ce que vous l'avez aimé. Obtenez-moi quelques éteincelles de ce feu Sacré, dont votre cœur a toujours été embrâfé.

II. Cœur le plus foumis : à quelles épreuves, ô mon Dieu, avez-vous mis votre Sainte Mere ! je la vois au pied de votre croix , tandis que

vous y expirez dans le fein de la douleur & de l'ignomie : de quel glaive
fut alors percé fon cœur ? & cependant quelle réfignation aux ordres-du
ciel ! quelle tendreffe pour ceux qui
exercent tant de cruautés fur fon Fils !
qu'avoit-il fait, ce Fils adorable,
pour être ainfi traité ? qu'aviez-vous
fait, ô Vierge Sainte ! aviez vous
donc mérité de tant fouffrir ? c'eft moi,
c'eft moi qui mérite que tous les
fléaux de la Juftice divine tombent fur
moi : obtenez-moi de fouffrir avec
patience.

III. Cœur le plus compatiffant. Elle
eft la Mere de Miféricorde : être
miférable, eft un titre pour avoir part
à fa protection. C'eft par ordre de
J. C. & au pied de la Croix de Jefus
mourant, que Marie nous adopte :
elle a donc pour nous des fentimens
& une tendreffe de Mere : c'eft pour
nous obtenir la grace de mourir fain-
tement qu'elle a été témoin de la mort
de fon Fils.

O Marie ! mon efpérance pendant
ma vie, ma reffource à la mort, fou-
venez vous que vous êtes ma Mere ;
monftra te effe Matrem : fouvenez-vous
qu'on n'a jamais ouï dire, qu'un de

vos enfans qui fe jette entre vos bras avec confiance, ait été la proïe du démon.

Ecce Mater tua. Joan. 19.

Voilà votre Mere.

Mariam invoca, non recedat ab ore, non recedat à corde. Bernardus.

Invoquez Marie, que fon Nom foit toujours dans votre bouche, qu'il foit gravé dans votre cœur.

ORAISON

Au Cœur de la Sainte Vierge.

O Cœur Sacré de Marie, toujours Vierge & immaculée, fource intariffable de Bonté, de Miféricorde & d'Amour, modéle de toutes les vertus, Image parfaite du Cœur adorable de J. C. Profterné devant vous, je vous rends tous les hommages qui vous font dûs, & dont mon ame eft capable. Je vous remercie très-humblement des fentimens de miféricorde & de compaffion, dont vous avez été fi fouvent touchée à la vûë de mes miféres. Je vous rend graces de tant de bienfaits que j'ai reçûs, & que je dois à ce fond inépuifable de bonté qui vous eft propre. O Cœur

digne de la Mere d'un Dieu Sauveur !
je m'unis à toutes les Ames pures,
qui trouvent leurs délices à vous honorer, à vous loüer, & à vous aimer.
Elles ont appris du divin Esprit qui les
conduit, que c'est par vous qu'il faut
aller à J. C. & s'acquitter envers cet
Homme-Dieu de ce que nous lui devons.

Vous serez donc, ô Cœur tout
aimable ! vous serez déformais, après
le Cœur Sacré de votre Divin Fils,
l'objet de ma vénération, de mon
amour, & de ma plus tendre dévotion : j'irai par vous à mon Sauveur,
& je recevrai par vous ses graces &
ses miféricordes. Vous serez mon refuge dans mes afflictions, ma confolation dans mes peines, mon recours
dans tous mes befoins ; j'irai apprendre de vous la pureté, l'humilité,
la douceur, & fur-tout l'amour du
Cœur de J. C. votre Fils ; je deman-
derai ces vertus à ce Cœur adorable
par votre interceffion, avec le pardon
de mes péchés, & la perféverance finale.

❧

MESSE

POUR LA SOLEMNITÉ

DU SACRÉ CŒUR

DE JESUS.

INTROITE.

REjouiffons - nous tous dans le Seigneur ; c'eft la Fête du Sacré Cœur de Jefus que nous célébrons. Les Anges fe livrent à des tranfporrs d'allegreffe dans le Ciel, & louent le Fils de Dieu.

GAUDEAMUS omnes in Domino, diem feftum celebrantes, fub honore facratiffimi cordis Jefu, de cujus folemnitate gaudent Angeli, & caullaudant Filium Dei.

Pf. Quæ vos tabernacles font défirables ô Dieu des vertus! mon cœur & mes fens s'évanouiffent de joie à la feule idée de leur augufte enceinte.

Pf. Quàm dilecta tabernacula tua Domine virtutum: concupifcit & deficit anima mea in atria Domini. *Pf.* 83.

Gloire foit au Pere & au Fils, &c.

Gloria Patri & Filio, &c.

Réjouiffons - nous tous, &c.

Gaudeamus omnes, &c.

G. ij.

Gloria in excelſis Deo , &c.
Oraiſon.

DEus qui ſa-
cratiſſimum
cor Jeſu - Chriſti
Filii tui Domini
noſtri , fidelibus
tuis ſummo clari-
tatis affectu amabi-
le reddidiſti , con-
cede propitius , ſic
nos illud venerari
& amare in terris ,
ut per ipſum &
cum ipſo , & te
& ipſum amare ,
& à te , & ab illo
æternùm amari me-
reamur in cœlis.
Per eundem Do-
minum , &c.

SEigneur , qui par
un ineffable amour,
avez propoſé l'aima-
ble Cœur de J. C. vo-
tre Fils & Notre-Sei-
gneur , au culte de
vos Fidéles : Faites-
nous la grace de l'a-
dorer & de l'aimer ſi
parfaitement ſur la
terre, que par lui &
avec lui , nous méri-
tions de vous aimer
& de l'aimer , d'être
aimé de vous & de lui
éternellement dans les
Cieux ; Par le même
J. C. N. S. &c.

EPÎTRE.

Lectio Iſaïæ Pro-
phetæ.

HÆc eſt hære-
ditas ſervo-
rum Domini , &
juſtitia eorum apud
me , dicit Domi-
nus. Omnes ſitien-
tes venite ad a-

*Leçon du Prophéte
Iſaïe.*

VOici , dit le Sei-
gneur , l'hérita-
ge de ceux qui ſervent
le Seigneur , & leur
juſtice devant moi.
Vous tous qui avez
ſoif, venez puiſer de
l'eau ; que ceux qui
manquent d'argent ſe

hâtent d'acheter & de manger : venez, sans argent & sans échange acheter du vin & du lait. Pourquoi employez-vous votre argent en des choses qui ne peuvent vous nourrir, & votre travail à des choses qui ne peuvent vous rassasier ? Ecoutez - moi, mangez ce qui est bon, & votre ame sera pleine de force & de joie. Prêtez l'oreille à mes discours, venez à moi, écoutez - moi, & ma parole vous donnera la vie. Je ferai avec vous une alliance éternelle. Je me souviens des promesses que j'ai faites à David, & voici que je vous le donne, celui qui doit rendre témoignage à tous les peuples, & que j'ai destiné pour être le Maître & le Conducteur des Nations. Et vous qui êtes ce Conducteur, voici un peuple que vous choisirez, lequel vous étoit inconnu; les Nations qui ne vous con-

quas : Et qui non habetis argentum properate, emite, comedite : venite, emite absque argento & absque ullâ commutatione vinum & lac. Quare appenditis argentum non in panibus, & laborem vestrum non in saturitate ? Audite audientes me, & comedite bonum, & delectabitur in crassitudine anima vestra. Inclinate aurem vestram, & venite ad me : audite, & vivet anima vestra, & feriam vobiscum pactum sempiternum. Misericordias David fideles, ecce testem populis dedi eum, ducem ac præceptorem gentibus. Ecce gentem quam nefciebas vocabis, & gentes quæ te non cognoverunt ad te current propter Dominum Deum tuum & fanctum Ifraël, quia glorificabit te.

noiſſoient pas, coureront après vous, à cauſe du Seigneur votre Dieu, & parce qu'il vous glorifiera.

GRADUEL.

Ego ſum oſtium, dicit Dominus : per me ſi quis introierit, ſalvabitur, & paſcua inveniet. *Joan.* 10.

Je ſuis la porte, dit le Seigneur : ſi quelqu'un entre par moi, il ſera ſauvé & trouvera des paturages abondants.

Venite ad me, omnes qui laboratis & onerati eſtis, & ego reficiam vos. Alleluia, alleluia.

Venez à moi, vous tous qui êtes dans la peine & qui êtes accablés ; & je vous ſoulagerai. Réjouiſſez-vous.

Hoc ſentite in cordibus veſtris, quod in corde Jeſu : & omnia veſtra in humilitate & charitate fiant. Alleluia.

Ayez dans vos cœurs les ſentimens du Cœur de Jeſus : que toutes vos œuvres ſe faſſent dans l'humilité & la charité. Réjouiſſez-vous.

Depuis la Septuagéſime, on omet les deux Allel. & le verſet ſuivant, & on dit le Trait.

TRAIT.

Jesus ayant aimé les fiens qui étoient dans le monde, il les aima jufqu'à la fin.

Cum Jefus dilexiffet fuos qui erant in mundo, in finem dilexit eos. *Joan.* 13.

Nations, louez toutes le Seigneur : Peuples, célébrez tous fa gloire;

Laudate Dominum omnes gentes; & collaudate eum omnes populi.

Parce qu'il a fignalé pour nous fa miféricorde infinie, & que fa fidélité eft immuable.

Quoniam confirmata eft fuper nos mifericordia ejus : & veritas Domini manet in æternum.

Au tems de Pâques : on omet le Graduel, & à fa place on dit :

Réjouiffez - vous, réjouiffez-vous. Comme mon Pere m'a aimé, ainfi je vous ai aimé. Demeurez dans mon amour. Réjouiffez-vous.

Alleluia, alleluia. Sicut dilexit me Pater, & ego dilexi vos, manete in dilectione mea. Alleluia.

Goutez & voyez combien le Seigneur eft doux : heureux l'homme qui met tout fon efpoir en lui. Réjouiffez-vous.

Guftate & videte quoniam fuavis eft Dominus: beatus vir qui fperat in eo. Alleluia.

PROSE. —

Gaudeamus exultantes,

   Cordis J e s u perfonantes

Divina præcordia.

   Hæc eft dies veneranda
In qua Patris adoranda,
Laudamus præcordia.

   Cor amandum Salvatoris,
Mellis fontem & amoris,
Corda cuncta diligant.

   Cor beatum fummi Regis,
Cor & vitam novæ legis,
Omnes linguæ concinant.

   Sit laus plena, fit immenfa,
Sit perennis, fit accenfa,
Ardoribus pectoris.

   Laudet, canat orbis totus,

PROSE.

VEnez, peuples, venez marquer votre al-
    legreffe,
C'eft le Cœur de Jefus que je chante en mes
    Vers ;
Secondez mes tranfports, célébrez-le fans
    ceffe,
Et faites de vos voix retentir l'Univers.

    Enfin voici le jour, ce jour fi vénérable,
Où profternés aux pieds du Fils de l'Eternel,
Nous venons rendre hommage à fon Cœur
    adorable,
Et nous facrifier avec lui fur l'Autel.

    Sacré Cœur de Jefus, mon azile fi doux,
Source du pur amour, que vous êtes aimable !
Que vous foyez aimé, beauté toute adorable,
Que tous les cœurs enfin ne brûlent que pour
    vous.

    Du midi jufqu'au nord, du couchant à
    l'aurore,
Qu'on exalte le Cœur de mon Souverain Roi,
Ce Cœur du Dieu vivant que l'Univers adore,
Ce Cœur, Pere divin de la nouvelle Loi.

    Que de zèle & d'ardeur notre ame pénétrée,
En cent climats divers le célèbre aujourd'hui;
Qu'il exauce nos vœux du fein de l'Empirée :
Puiffent être nos chants immortels comme lui.

    Que tout le monde entier prenne part à
    fa gloire,

Colat, amet tota virtus
Et cordis & corporis.

Ora, manus, senſus, vigor,
Fides viva, purus amor,
Cor divinum conſonent.

Flammis ſacris inflammata,
Corda, voces, atque faƈta,
Cor amoris prædicant.

Cor mirandum Redemptoris,
Coadunans terram cœlis,
Unitatis ſpeculum.

Digna ſedes Trinitatis,
Plenitudo Deitatis,
Amoris miraculum.

Amoris Evangelium,
Puri cordis incendium,
Magna Dei gloria.

Qu'on bénisse son Nom , qu'on l'adore à
 jamais ,
Que son Cœur sur nos cœurs remporte la
 Victoire ,
Que tout de son pouvoir ressente les effets.

Que notre amour fervent , que notre foi
 sincére ,
Notre bouche , nos mains , nos forces & nos
 sens
L'adorent à l'envi , s'unissent pour lui plaire ,
Et se rendent enfin à ses charmes puissans.

Que les mortels brûlans de sa celeste flam-
 me ,
De tous leurs entretiens le fassent le sujet ,
Que de leurs actions en tous lieux il soit
 l'ame ,
De leur culte pieux qu'il soit le seul objet.

O Cœur aimable , Cœur du Redempteur du
 monde !
O miroir , où d'un Dieu nous voyons l'unité !
Ton amour a créé le Ciel , la terre & l'onde ,
Et par ce même amour tu nous as rachetés.

La sainte Trinité chez toi tient son Empire,
Tout brillant des rayons de sa Divinité ,
Tu remplis l'Univers de son immensité ,
O miracle d'amour, que ton feu nous inspire!

Ce feu qui dans le Ciel brûle les Séraphins,
Qui consume là-haut tes Ministres , tes An-
 ges ;
Heureux don de l'amour, il embrâse tes Saints,
Et fait combler ton Nom d'immortelles
 louanges.

Cœli nectar vivificans,

Cordis manna deificans,

Amor & lætitia.

Cleri facri præfidium,

Rector benigne cordium,

Noftra rege pectora.

Fons æternæ pietatis,

Ardens fornax charitatis,

Corda flammis devora.

Domus amoris aurea,

Turris amantum flammea,

Cætûs noftri lex ignea;

Fons perennis gratiæ.

Cor, thefaurus fanctitatis,

Abiffus humilitatis,

Thronus Dei voluntatis

Et centrum clementiæ.

Paradifus Beatorum,

Confolator afflictorum,

Pax & falus peccatorum,

Cor omnibus omnia.

Qui vous aime une fois ne veut aimer que
vous.
O volupté sans fin ! nectar qui vivifie ,
O du Cœur de Jesus , Manne qui déifie !
Que vous avez d'attraits & de bonté pour
nous.

O Souverain appui de l'Ordre hyerarchique,
Qu'adorent en tremblant , & la terre & les
Cieux ,
Pere plutôt que Roi , Roi clément, pacifique ;
Daignez régir nos cœurs & dessiller nos yeux.

Source de piété , d'amour fournaise ardente,
Qui nourrissez un feu qui ne s'éteint jamais ,
Faites que dans nos cœurs cette flamme puis-
sante ,
Nous élevant à vous , purge tous nos forfaits.

O Cœur qui des amans est la Tour en-
flammée ,
O Fontaine de grace , ô siége de l'amour ,
O Loi , divine Loi , dont mon ame est char-
mée ,
Quand pourrai-je pour vous m'immoler à mon
tour ?

Sanctuaire de Dieu , centre de sa clémence ;
Trône du Créateur , trésor de sainteté ,
Abîme où nous voyons cette Grandeur im-
mense ,
Vouloir se cacher même à son humilité !

Paradis des Elus , Consolateur si doux ,
Qui des infortunés soulagez la misére ,
Du timide orphelin qui vous montrez le Pere ,
O salut des pécheurs, vous êtes tout pour tous

O Jesu! raptor cordium,
Amore flagrans mentium,
Cor tuum trahat omnium
Mentes & præcordia.

O Cor! summa Benignitas,
Immensa liberalitas,
Incomprehensa charitas,
Cordis vera Felicitas,
Cor esto supplicibus.

Fac nos, Jesu, flammescentem,
Cordis tui charitatem
Et Divinam Pietatem,
Summam quoque Sanctitatem,
Sanctos sequi moribus.

O beata Trinitas!
Cordis Jesu charitas,
Immensæ clementiæ,
Immensæ sint gratiæ,
Æterna sit gloria,
Amen dicant omnia.
  Amen. Alleluia.

O Jesus , qui preffez les plus fiers à fe
  rendre ,
Eft-il rien qui ne céde à vos attraits vain-
  queurs !
Hélas,de vous aimer qui pourroit fe défendre?
Que votre Cœur vers vous entraîne tous les
  cœurs.

O Cœur plein de tendreffe , amour in-
  concevable ,
Prodigue , libéral de fes dons précieux ,
O vous,du cœur humain le bonheur véritable ,
Soyez toujours ouvert aux mortels malheu-
  reux.

Ha , que n'ai-je pour vous cette ardeur no-
  ble & pure !
Que ne puis - je , Seigneur , imiter vos
  vertus ,
Enchaîner à mes pieds les vices abbatus ,
Réparer par mes mœurs ma coupable nature !

Heureufe Trinité, digne objet des beaux
  feux ,
Dont le Cœur de Jefus brûle pour toi fans
  ceffe ,
Qu'à nos maux comme lui ta bonté s'inté-
  reffe ,
Que par-tout l'on te chante en terre & dans
  les Cieux. Ainfi foit-il.

EVANGILE.

La suite du S. Evangile selon S. Mathieu. Chap. 11.

EN ce tems-là Jesus dit : je vous bénis, mon Pere , Seigneur du Ciel & de la terre, de ce que vous avez caché ces choses aux sages & aux prudens, & que vous les avez découvertes aux Petits. Oui , mon Pere , vous l'avez voulu ainsi. Mon Pere m'a donné toutes choses , & nul ne connôit le Fils que le Pere , & nul ne connôit le Pere que le Fils & celui à qui le Fils le veut découvrir. Venez à moi vous tous qui travaillez & qui êtes chargés, & je vous soulagerai. Prenez mon joug sur vous , & apprenez de moi que je suis doux & humble de cœur, & vous trouverez le repos de vos ames, car mon joug est doux , & mon fardeau leger.

Sequentia S. Evangelii secundùm Matthæum.

IN illo tempore, respondens Jesus dixit : confiteor tibi Pater Domine cœli & terræ quia abscondisti hæc à sapientibus & prudentibus , & revelasti ea parvulis. Ità Pater , quoniàm sic fuit placitum ante te. Omnia mihi tradita sunt à Patre meo, & nemo novit filium nisi Pater ; neque Patrem quis novit nisi filius , & cui voluerit filius revelare. Venite ad me omnes qui laboratis , & onerati estis , & ego reficiam vos. Tollite jugum meum su-

er vos , & difcite à me, quia mitis
um & humilis corde ; & invenietis
equiem animabus veftris. Jugum enim
üave eft , & onus meum leve.

Credo in unum Deum , &c.

OFFERTOIRE.

Unam petii à Domino , hanc requiram , ut inhabitem in corde Domini omnibus diebus vitæ meæ : ut videam voluptatem Domini, & vitem templû ejus.

Je n'ai demandé qu'une chofe au Seigneur ; je ne cefferai de la lui demander , c'eft d'habiter dans le cœur du Seigneur tous les jours de ma vie , afin de goûter la félicité du Seigneur , & d'admirer la beauté de ce temple facré.

SECRETTE.

Sufcipe, Domine , holocauftum perpetuum Cordis Jefu - Chrifti Filii ui Domini noftri, & fit propitiatio pro peccatis noftris , ut gratiam tuam confecuti, in eo uno vivamus , qui pro nobis mori dignatus eft. Qui tecum vivit, &c.

Recevez, Seigneur, l'holocaufte perpétuel du cœur de J. C. votre Fils notre Seigneur, qu'il nous obtienne le pardon de nos péchés, & votre grace , afin que nous vivions en lui feul qui a daigné mourir pour nous , & qui vit & régne avec vous dans les fiécles des fiécles. Ainfi foit-il.

PRÉFACE.

OUi, il est bien juste & raisonnable, & c'est une chose équitable & salutaire, de vous rendre par J. C. Notre-Seigneur, des actions de graces en tout tems & en tous lieux, ô Seigneur, Pere saint, Dieu tout-puissant, & éternel, puisque vous avez répandu dans nos cœurs une nouvelle lumiére par l'Incarnation de votre Verbe, afin qu'en connoissant un Dieu visible, par lui nous fusions élevés à l'amour des choses invisibles. C'est pourquoi nous nous joignons aux Anges, aux Archanges, aux Trônes, aux Dominations, & à toute l'Armée Céleste pour chanter éternellement :

Verè dignum & justum est, æquum & salutare, nos tibi semper & ubique gratias agere, Domine sancte, Pater omnipotens, æterne Deus, per Christum Dominum nostrum; quia per Incarnati Verbi Mysterium nova mentis nostræ oculis lux tuæ claritatis infulsit, ut dum visibiliter Deum cognoscimus, per hunc in invisibilium amorem rapiamur; & ideò, cum Angelis & Archangelis, cum Tronis & Dominationibus, cumque omni militia cœlestis exercitûs, Hymnum gloriæ tuæ canimus sine fine dicentes:

Saint, Saint, Saint, est le Dieu des Ar-

Sanctus, Sanctus, Sanctus Dominus

minus Deus Sabaoth; pleni funt Cœli & terra gloriâ tuâ. Hofanna in excelfis.

Benedictus qui venit in Nomine Domini. Hofanna in excelfis.

mées ; votre gloire remplit le Ciel & la terre. Salut & gloire au plus haut des Cieux.

Béni foit celui qui vient au Nom du Seigneur. Salut & gloire au plus haut nes Cieux.

COMMUNION.

Cor meum & caro mea exultaverunt in Deum vivum; beati qui habitant in domo tua, Domine, in fæcula fæculorum laudabunt te.

Mon cœur & ma chair ont treffailli de joye en recevant le Dieu vivant ; heureux ceux qui habitent en votre maifon, Seigneur ; ils vous loueront dans les fiécles des fiécles.

POST-COMMUNION.

Concede nobis, mifericors Deus, ut pafti deliciis facramenti Cordis amantiffimi Filii tui Domini noftri Jefu Chrifti, iis itâ inebriemur, ut mortui fæculo,

Accordez - nous, Dieu de miféricorde, que nous foyons tellement enyvrés des délices du Sacrement du cœur de votre trèsaimable Fils J. C. Notre-Seigneur, que nous avons reçû ; qu'étant morts au monde, nous ne vivions plus que

H

pour vous avec votre Fils unique qui vit & régne avec vous dans l'unité du faint Eprit dans les fiécles des fié- cles. Ainfi foit-il.
tibi foli vivamus cum unigenito fi- lio tuo, qui tecum vivit & regnat in unitate Spiritûs fancti Deus. Per

omnia fæcula fæculorum. Amen.

LES VÊPRES
POUR LA FESTE
DU CŒUR DE JESUS.

DEus in adjutorium meú intende.

O Dieu , venez à mon secours.

Domine, ad adjuvandum me festina.

Seigneur , hâtez-vous de me secourir.

Gloria Patri & Filio , & Spiritui sancto.

Gloire soit au Pere, au Fils , & au Saint Esprit.

Sicut erat in principio & nunc & semper , & in sæcula sæculorum. Amen. Alleluia.

Telle maintenant , & toujours, qu'elle a été dès le commencement , & qu'elle sera dans toute l'éternité. Louez Dieu.

Ant. In capite Libri scriptum est de me : ut facerem voluntatem tuam, Deus meus, volui : & legem tuam in medio cordis mei.

Ant. Il est écrit de moi à la tête du livre, que je devois faire votre volonté. Je le veux , ô mon Dieu , & que votre loi soit gravée dans mon cœur.

H ij

Pseaume 109.

LE Seigneur a dit à mon Seigneur : Asseyez - vous à ma droite.

Pendant que je travaillerai à mettre vos ennemis sous vos pieds.

Le Seigneur étendra votre puissance royale depuis Sion : vous regnerez au milieu de vos ennemis.

Votre royauté brillera sur tout au jour de votre force , où vous serez environné de la splendeur des Saints ; vous que j'ai engendré avant les tems.

Le Seigneur a juré , & son serment est irrévocable , que vous serez le Prêtre éternel selon l'ordre de Melchisedech.

Le Seigneur sera

Dixit Dominus Domino meo : Sede à dextris meis.

Donec ponam inimicos tuos : scabellum pedum tuorum.

Virgam virtutis tuæ emittet Dominus ex Sion : dominare in medio inimicorum tuorum.

Tecum principium in die virtutis tuæ in splendoribus Sanctorú : ex utero antę luciferum genui te.

Juravit Dominus, & non pœnitebit eum : tu es Sacerdos in æternum secundùm ordinem Melchisedech.

Dominus à dex-

tris tuis : confre-
git in die iræ suæ
Reges.

Judicabit in na-
tionibus, implebit
ruinas : conquassa-
bit capita in terra
multorum.

De torrente in
via bibet : prop-
tereà exaltabit ca-
put.

Gloria Patri, &c.

Ant. Quid mi-
hi eft in cœlo &
à te quid volui su-
per terram ? Defe-
cit caro mea & cor
meum, Deus Cor-
dis mei, & pars
mea Deus in æter-
num.

toujours à vos côtés :
& au jour de fa co-
lére il brifera les Rois
infidéles.

Il vous vengera des
nations rebelles ; il
jonchera les champs
de leurs cadavres, &
brifera contre terre les
têtes orgueilleufes.

Mais ce fils du Sei-
gneur boira dans le
torrent des afflictions,
avant que d'arriver à
cette élévation.

Gloire foit au Pere,
&c.

Ant. Qu'y a - t'il
pour moi dans le ciel
& que défirai-je fur
la terre, finon vous?
Ma Chair & mon
cœur ont été dans la
défaillance, ô Dieu,
qui êtes le Dieu de
mon Cœur, & mon
partage pour l'éter-
nité.

PSEAUME. 110.

COnfitebor ti-
bi, Domine,
in toto corde meo:
in confilio jufto-
rum , & congre-
gatione.

SEigneur, je vous
louerai de toute
l'étendue de mon
cœur dans l'affem-
blée des juftes, &
en préfence des na-
tions.

Les ouvrages du Seigneur font grands, & proportionnés à tous fes deffeins.

Tous les ouvrages font magnifiques, & publient fa grandeur : fa juftice eft immuable & éternelle.

Ce Dieu plein de bonté & de miféricorde a confacré la mémoire de fes merveilles : il a donné à ceux qui le craignent, une nourriture divine.

Il fe fouviendra éternellement de fon alliance : il fera éclater aux yeux de fon peuple la puiffance de fes œuvres.

En leur donnant l'héritage des nations: les œuvres de fes mains montrent fa fidélité & fa juftice.

Oui, les promeffes du Seigneur font inviolables, la fuite des fiécles en confirme la

Magna opera Domini : exquifita in omnes voluntates ejus.

Confeffio & magnificentia opus ejus : & juftitia ejus manet in fæculum fœculi.

Memoriam fecit mirabilium fuorum, mifericors & miferator Dominus : efcam dedit timentibus fe.

Memor erit in fæculum téftamenti fui : virtutem operum fuorum annuntiabit populo fuo.

Ut det illis hæreditatem gentiũ : opera manuum ejus veritas & judieium.

Fidelia omnia mandata ejus, confirmata in fæ-

culum fæculi : fac-
ta in veritate &
æquitate.

fidélité ; parce qu'el-
les font la vérite & la
juftice même.

Redemptionem
mifit populo fuo :
mandavit in æter-
num teftamentum
fuum.

Il a tiré fon peuple
de la captivité : & il
a fait avec lui une
alliance qui durera
éternellement.

Sanctum & ter-
ribile nomen ejus:
initium fapientiæ
timor Domini.

Son Nom eft faint
& terrible : craignons
le Seigneur , c'eft le
commencement de la
fageffe.

Intellectus bo-
nus omnibus fa-
ciëntibus eum :
laudatio ejus ma-
net in fæculum
fæculi.

Quiconque a cette
crainte falutaire , a
la vraie intelligence ,
& il fera loué dans
tous les fiécles.

Gloria Patri, &c.

Gloire foit au Pere.
&c.

Ant. Impropc-
rium expectavit
cor meum & mife-
riam : fuftinui qui
fimul contriftare-
tur, & non fuit :
& qui confolare-
tur, & non inve-
ni.

Ant. Mon cœur eft
préparé à toutes for-
tes d'opprobres & de
miféres : & j'ai enten-
du que quelqu'un
prit part à ma douleur
& perfonne ne l'a
fait , j'ai cherché des
Confolateurs , & je
n'en ai point trouvé.

PSEAUME III.

HEureux l'homme qui craint le Seigneur; & qui met tout son plaisir à en observer les préceptes.

Sa postérité sera nombreuse & puissante sur la terre ; car la race des justes sera comblée de bénédictions.

La gloire & l'opulence seront dans sa maison : & il demeurera toujours attaché à ses devoirs.

La lumiére se leve sur les gens de bien, pour les éclairer dans les ténébres; parce que le Seigneur est plein de clémence, de justice , & de miséricorde.

Que celui-là mérite d'être aimé, qui compâtit aux malheureux, & les soulage dans leurs besoins : tous ses discours sont réglés par la prudence & la sagesse; c'est pourquoi il ne sera jamais ébranlé par aucune crainte.

BEatus vir qui timet Dominum : in mandatis ejus volet nimis.

Potens in terra erit semen ejus : generatio rectorum benedicetur.

Gloria & diviiæ in domo ejus : & justitia ejus manet in sæculum sæculi.

Exortum est in tenebris lumen rectis : misericors & miserator & justus.

Jucundus hómo qui miseretur & commodat , disponet sermones suos in judicio; quia in æternum non commovebitur.

In memoria æterna erit juſtus: ab auditione mala non timebit.

Le juſte vivra éternellement dans le ſouvenir des hommes, & il n'aura rien à craindre pour ſa réputation.

Paratum cor ejus ſperare in Domino, confirmatum eſt cor ejus: non commovebitur donec deſpiciat inimicos ſuos.

Son cœur préparé à tous les événemens, eſt inébranlable, parce qu'il a mis toute ſon eſpérance dans le Seigneur ; il attend tranquillement que Dieu le faſſe triompher de ſes ennemis.

Diſperſit, dedit pauperibus, juſtitia ejus manet in ſæculum ſæculi : cornu ejus exaltabitur in gloria.

Il a répandu ſes libéralités dans le ſein des pauvres, jamais il ne s'eſt écarté des ſentiers de la juſtice ; il ſera élevé en gloire, & en puiſſance.

Peccator videbit & iraſcetur, dentibus ſuis fremet & tabeſcet : deſiderium peccatorum peribit.

Le pécheur le verra, il en conſerve de l'indignation, il en fremira de rage, il en ſéchera de dépit ; mais les vains projets des impies périront à jamais.

Gloria Patri, &c.

Gloire ſoit au Pere, &c.

Ant. Et dixi: ergo ſine cauſa juſtificavi cor meum, & lavi inter in-

Ant. Et j'ai dit : C'eſt donc inutilement que j'ai travaillé à juſtifier mon cœur, & que j'ai lavé mes

H v

mains dans la compagnie des justes.

nocentes manus meas : & fui flagellatus totâ die.

PSEAUME 112.

Serviteurs de Dieu, louez le Seigneur : célébrez la gloire de son nom.

Laudate pueri Dominum : laudate nomen Domini.

Que le nom du Seigneur soit béni dès maintenant, jusques dans l'éternité.

Sit nomen Domini benedictum: ex hoc, nunc & usque in sæculum.

Le nom du Seigneur doit être loué par tout, depuis l'orient jusques à l'occident.

A solis ortu usque ad occasum : laudabile nomen Domini.

Le Seigneur est le maître absolu de toutes les nations, & sa gloire est élevée au-dessus des cieux.

Excelsus super omnes gentes Dominus : & super cœlos gloria ejus.

Qui peut être comparé au Seigneur notre Dieu, qui, bien qu'il habite au plus haut des cieux, daigne pourtant abaisser ses regards jusques sur le ciel & sur la terre.

Quis sicut Dominus Deus noster, qui in altis habitat : & humilia respicit in cœlo & in terra ?

Il tire le pauvre de la poussière : & de la fange il éléve les plus abjects.

Suscitans à terra inopem : & de stercore erigens pauperem.

Ut collocet eum cum Principibus, cum Principibus populi sui.

Pour les mettre au rang des Princes, des Princes de son peuple.

Qui habitare facit sterilem in Domo : matrem filiorum lætantem.

Il comble de joie l'épouse qui étoit stérile ; en la rendant mere de plusieurs enfans.

Gloria Patri, &c.

Gloire soit au Pere, &c.

Ant. Secundùm multitudinem dolorum meorum in corde meo : consolationes tuæ lætificaverunt animam meam.

Ant. Vos consolations ont rempli mon cœur, à proportion des douleurs dont il avoit été inondé.

PSEAUME 116.

LAudate Dominum omnes gentes : laudate eum omnes populi.

NAtions louez toutes le Seigneur : peuples, célébrez tous sa gloire.

Quoniam confirmata est super nos misericordia ejus : & veritas Domini manet in æternum.

Parce qu'il a signalé pour nous sa miséricorde infinie : & que sa fidélité est immuable.

Gloria Patri, &

Gloire soit au Pere,

H vj.

& au Fils, & au Saint
Efprit, &c.

Filio & Spiritui
fancto, &c.

PETIT CHAPITRE.

J'Ai fanctifié cette
maifon, pour y
placer mon nom à ja-
mais : Oui, dit le
Seigneur, mes yeux y
feront toujours atta-
chés, & mon cœur y
habitera.

SAnctificavi do-
mum hanc, ut
ponerem nomen
meum ibi, in fem-
piternum; & erunt
oculi mei & cor
meum ibi : dicit
Dóminus.

HYMNE.

JEsu Paterni pectoris,
　Et Virginis Cor unicum,
Cordis tui mirabilis,
Omnes canant præconium.

　O Cor Amator numinis,
Amore Patris igneum ;
Amore flagrans Virginis,
Amore noftri faucium.

　Nam fponfa Corde faucia,
Te vulneratum, vulnerat,
Te diffecat mors impia,
Et haftâ dirè perforat.

　O Cor amore faucium,
Amore Corda faucia :

H Y M N E.

DIgne objet de l'ardeur dont pour vous
  Dieu le Pere ,
Brûloit avant le tems qu'il a créé le jour ,

Tendre objet de l'ardeur de votre chafte
  Mere ,
Jefus , foyez celui de notre unique amour;

Pour acheter le Cœur d'une Epoufe fidelle ,
Mon Dieu , de votre amour jufqu'où va le
  tranfport !
Vous expiez , percé d'une lance cruelle ,
Et l'Auteur de la vie eft en proye à la mort.

Nectar délicieux , dont les Saints fe nour-
  riffent ,
Venez de vos douceurs nous remplir chaque
  jour :

Vitale Nectar cœlitum,
Amore nos inebria.

Ave dolorum Victima,
Centrum Crucis, Rex Martyrum,
Fac noſtra ſit Crux gloria,
Amor, corona, gaudium.

Tu charitatis Hoſtia,
Mortalium ſalvatio;
Aperta cunctis gratia,
Et omnium Redemptio.

Venite, gentes, currite
Ad Cor Patris mitiſſimum;
Omnes amat: confidite,
Amoris eſt incendium.

En cernitur pateſcere,
Fornax amoris flammea,
Flammis volo me tradere,
Me devoret mors ignea.

Amor, Pater clementiæ,
Amor, Redemptor omnium,
Amor, Deus fons gratiæ,
Regnes in omne ſæculum. Amen.

Venez, en vous goûtant que nos cœurs s'at-
    tendriſſent,
Et pleins d'un feu ſacré, ne reſpirent qu'a-
    mour.

Victime de douleur, l'excès de vos ſuplices,
Au milieu des tourmens conſola les Martyrs,
En votre Croix, Seigneur, ils trouvoient leurs
    délices ;
Faites qu'en elle auſſi nous trouvions nos
    plaiſirs.

D'un amour dévorant ſalutaire Victime,
Le pécheur à ſa perte eſt par vous arraché ;
Par vous regne la Grace, où triomphoit le
    crime ;
Pour vous l'homme affranchi ſort des fers du
    péché.

Aprochez, & ravis dans une ſainte extaſe,
Peuples, voyez un Dieu brûlant d'amour pour
    vous.

Heureux qui comme lui, plein du feu qui
    l'embrâſe,
Expire en éprouvant l'ardeur d'un feu ſi doux.

Vous, qui produit en Dieu d'une Eſſence
    féconde,
Avec lui produiſez un amour éternel,
Regnez dans tous les cœurs, Jeſus, & que
    le Monde,
Se conſacre à vous ſeul par un culte immortel.
    Ainſi ſoit-il.

℣. Un des soldats ouvrit le côté de Jesus avec une lance.

℟. Et dans l'instant il en sortit du Sang & de l'eau.

Ant. O Cœur plein de douceur ! Cœur brûlant d'amour pour nous ; Cœur divin, nous vous louons, nous vous adorons, nous vous rendons graces, nous voulons n'aimer que vous.

℣. Unus militum lanceâ latus ejus aperuit.

℟. Et continuò exivit sanguis & aqua.

Ant. O Cor dulcissimum ! amore nostri vulneratum, Cor divinissimum! Laudamus te, adoramus te, gratias agimus tibi.

CANTIQUE DE LA STE. VIERGE.

MOn Ame glorifie le Seigneur ;

Et mon esprit est transporté d'une sainte joie, en pensant aux bontés de Dieu mon Sauveur.

Car il a daigné arrêter les yeux sur la bassesse de sa servante ; & c'est pour cela que dans tous les âges on exaltera mon bonheur.

Le Tout-puissant, dont le nom est infi-

MAgnificat Anima mea Dominum.

Et exultavit spiritus meus: in Deo salutari meo.

Quia respexit humilitatem ancillæ suæ: ecce enim ex hoc beatam me dicent omnes generationes.

Quia fecit mihi magna qui potens

eſt : & ſanctum nomen ejus.

niment ſaint, a opéré de grandes merveilles en ma faveur.

Et miſericordia ejus à progenie in progenies, timentibus eum.

Sa miſéricorde s'étend de génération en génération, ſur ceux qui le craignent.

Fecit potentiam in brachio ſuo : diſperſit ſuperbos mente cordis ſui.

Il a déploié la puiſſance de ſon bras : il a renverſé les projets des ſuperbes.

Depoſuit potentes de ſede : & exaltavit humiles.

Il a dégradé les grands de la terre, & il a élevé les petis.

Eſurientes implevit bonis : & divites dimiſit inanes.

Il a comblé de biens ceux qui étoient dans l'indigence ; & il a dépouillé les riches.

Suſcepit Iſraël puerum ſuum : recordatus miſericordiæ ſuæ.

Il a relevé Iſraël ſon peuple ; il s'eſt ſouvenu de ſes anciennes miſéricordes.

Sicut locutus eſt ad patres noſtros : Abraham & ſemini ejus in ſæcula.

Pour accomplir la promeſſe qu'il avoit faite à nos Peres, à Abraham, & à ſes deſcendans.

Gloria Patri, & Filio, &c.

Gloire ſoit au Pere, & au Fils, &c.

ORAISON.

SEigneur JESUS-
CHRIST, qui vou-
lant donner un nou-
veau gage d'Amour à
votre Eglise, lui avez
ouvert les ineffables
tréfors de votre Cœur,
accordez-nous la gra-
ce de répondre à l'ar-
dent Amour de ce
Cœur Sacré, & de ré-
parer par de dignes
hommages, tous les
affronts que lui fait
l'ingratitude des hom-
mes. O Jesus, qui vi-
vez & regnez avec le
Pere & le Saint Es-
prit, dans les fiécles
des fiécles. Ainfi soit-
il.

DOmine Jefu-
Chrifte, qui
ineffabiles Cordis
tui divitias Eccle-
fiæ tuæ novo be-
neficio aperire di-
gnatus es: Conce-
de, ut Sacratiffimi
hujus Cordis amo-
ri refpondere, &
injurias, eidem af-
flictiffimo Cordi
ab ingratis homi-
nibus illatas, dig-
nis obfequiis com-
penfare valeamus.
Qui vivis, &c.

AUX SECONDES VESPRES.

Ant. O Victime
d'amour, Cœur de
Jefus rempli d'amer-
tume à la vûe de nos
péchés: Cœur Divin
que tant d'hommes
ingrats négligent &
outragent tous les jours
dans l'Eucharistie,
convertiflez-nous, vi-
vifiez - nous, embrâ-
fez-nous de votre A-
mour, fauvez-nous.

Ant. O Victima
charitatis, Cor Je-
fu pro peccatis no-
ftris afflictiffimú,
ab ingratis homi-
nibus etiamnùm in
Euchariftia negle-
ctum & defpectú,
converte nos, vi-
vifica nos, accen-
de nos, falva nos.

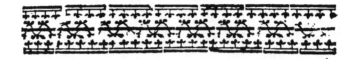

CANTIQUE
A L'HONNEUR
DU SACRÉ CŒUR
DE JESUS.

DANS une paisible retraite,
Je me suis fixé pour toujours,
J'y goûte une douceur parfaite,
Et j'y coule en repos mes jours.

Là je mets toute mon étude,
A fuir le monde & ses appas:
Là j'entends sans inquiétude,
L'Enfer qui frémit sous mes pas.

Là je regarde sans envie,
Le plaisir qui m'avoit charmé ;
Je fais la douceur de ma vie,
D'aimer comme je suis aimé.

Cœurs jaloux de mon sort tranquile,
Venez le goûter & le voir ;
Celui qui m'ouvrit cet azile,
Est prêt à vous y recevoir.

Il vous y prépare lui-même,
Le bonheur qui me fût offert,
C'est Jesus, c'est le Dieu que j'aime:
Entrez, son Cœur vous est ouvert.

Dans cette demeure sacrée,
Heureux qui va porter sa foi;
La douceur en garde l'entrée,
Et l'amour y donne la Loi.

La Grace y répand sans mesure,
Ses dons, ses plus riches trésors,
Et la vertu qui sembloit dure,
N'y coûte que de doux efforts.

Cœur de Jesus, Cœur secourable,
Qui brûlez pour tous les mortels,
Que le juste, que le coupable,
Volent aux pieds de vos Autels.

Venez, pécheurs, cette blessure,
Ce tendre Cœur percé pour vous,
Est la retraite la plus sûre
Contre l'Enfer & tous ses coups.

Chaste Colombe, ame fidéle,
Aimez ce Cœur, rien n'est si doux;
C'est-là que Jesus vous appelle;
C'est-là que repose l'Epoux.

Mon doux Jesus, que je veux suivre,
Mon Roi, mon aimable Vainqueur,
C'est mourir que de ne pas vivre,
Sous l'Empire de votre Cœur.

Cœur de Jesus, notre espérance
Sur cette Mer d'adversité,
Conduisez-nous en assurance,
Au port de la Félicité.

F I N.

TABLE.

9 781354 701232